但願你因工作
而閃亮

「獵頭的日常」給你的求職真心提醒，
盤點自身技能，放大個人優勢，
擁抱那些令你不安的變化！

Lynn Lin（林沂萱）/著

✦ Contents ✦

前言 ——————— 006

Chapter

1 當自己的獵頭 ····· 010

1-1 主動求職者，請把時間用在對的事情上　　　　012

1-2 被動求職者，該隨時保持最佳備戰狀態　　　　018

1-3 成為機會尋求者：如何獲得好機會的關注？　　025

Chapter

2 履歷決勝點！ ····· 030

2-1 什麼是履歷的真正目的？　　　　　　　　　　032

2-2 現代履歷有什麼分別？　　　　　　　　　　　037

2-3 開始著手你的現代履歷　　　　　　　　　　　042

2-4 社群時代必備的數位履歷　　　　　　　　　　075

Chapter

3

一開口就讓人
對你印象深刻 ⋯⋯ 082

3-1 拉開差距的第一步：調對面試頻率 084

3-2 當個人見人愛的求職者：瞭解六種面試官的立場 089

3-3 拉開差距第三步：面試功能大不同 094

3-4 面談常見的六大類型：理解將面對的類型狀況做好準備 101

3-5 資歷查核（Reference Check） 133

3-6 薪資談判（Salary Negotiation） 136

Chapter

4

重構職場觀念：
別讓職涯變成職崖 ⋯⋯ 146

4-1 傳統職涯已消失，請重新定義工作 149

4-2 斜槓青年與中年：斜槓越多，真的就越好嗎？ 155

4-3 擁有專業也會失業，該怎麼應對？ 161

4-4 沒了名片上的頭銜，別人會怎麼識別你？ 167

Chapter

5 轉職／跨領域／多職，選擇之前 必須思考的問題！ ⋯⋯ **170**

5-1 轉職前，不得不面對的現實　　　　　　　　　　172

5-2 轉職基礎題你弄懂了嗎？　　　　　　　　　　　179

5-3 轉職進階題　　　　　　　　　　　　　　　　　191

結語 ————— **202**

前言

preface

───── ○一七年的一月，我在個人的臉書粉絲專頁「Diary of a Headhunter
───── 獵頭的日常」，發佈了第一篇文章。

　　當時的我，正在拉斯維加斯出差，沙漠型氣候的冬天不算太冷。工作結束的晚上，比起停留在絢麗的大道上，更想念的是回到飯店，坐在窗邊沉澱的獨處時光。而不知道為什麼那段期間，腦中常常湧出記憶中的人事物，有正為平衡生活愁容的臉龐、有因得到夢想工作的高亢、有重新歸零的炯炯神態、有思鄉難耐的泛紅眼眶……手也跟著這些畫面，不自覺地落在鍵盤上，敲敲打打。沒想到，無心插柳的寫作，帶領我在這一年經歷了場人生歷險，透過文字的帶領，結識了不同的讀友，分享彼此的職場心情。

　　我問了自己不下數次，是什麼支撐自己做文字分享這件事呢？我想，是一種生而為人的熱情，以及真心熱愛這份工作。但現在能問心無愧地得出這兩句話，中間走過的歷程不簡單，箇中滋味，酸甜苦辣，一路上更懷抱感謝受到許多人幫忙，才慢慢走出自己的道路。

　　回歸我個人的價值觀，與職業價值觀是相當雷同的。工作，只是人生的

其中一環，除了取得職涯上的卓越，還有許多珍貴的事物，像是愛情、親情、友情與健康，藝術、旅行、知識和各種興趣，也值得我們去追尋。而擁有一份好工作，自己也心滿意足的職涯，是絕對能夠支持自己，朝這些事物趨近，盡可能試探那無邊際的生命疆界，以此的執業信念，意外簡單。

懷抱這樣的動機，與其當所謂的專家老師，我更想當一位樸實的朋友。我曾在初期的網路文章寫下：

「在這專頁，我想分享的是那些能聚焦於你職涯的實用工具方法、提點你有意識地工作，就像我也是個出來工作的人一樣，曾經歷過那些覺得委屈、不公平、喪氣、尋找的時期，但是永遠要提醒自己：對於真正喜歡的人事物，總是會面臨著許多的關卡，每道關卡都逼著與自己對話，考驗你的熱愛是否真切；每個發生都只是過程，是為了達到明天的天明，而我們都會接近更好的自己。」

同樣的初衷，在這本書中，我從幾千候選人互動的工作經驗中，從求職所有必經過程：履歷準備、求職信撰寫、數位履歷呈現、常見面試的應對技

巧，做了系統化的梳理，提醒讀友可能忘記的事情，整理出夠用就好的工具。在各位的漫漫職涯，勢必將經歷多次工作轉換，當面臨轉換時，不妨翻到本書的第一到三章重新提點自己，甚至花點時間在本書上直接書寫。而除了當成工具書運用外，在翻到第四、第五章時，不妨也轉換心態，將本書當成一位私密的朋友，它不會批評你，而你也不要評批自己，去深入思考看看自己對於職場的心態，是否陷入一些渾然不覺的迷思，能否升級現有的想法，長出新的枝節，幫助自己達到想要的境界。

求職技能，絕對是可以練習的。我常收到許多訊息，上頭寫著：「我想幫助人，想成為獵頭。」

其實，不只有獵頭才能幫助人。每項工作，都無法脫離「人」；工作是種個人的展現，與社會交換的通道，都能夠助人。只是在要「利他」前，得先學習讓自己變得強壯有價值，還要能不忘初衷，這才是最為考驗之處。

職涯沒有想像中孤單，很多人也正透過工作為自己、為所愛之人而努力，期望各位在閱讀完本書後，都能當自己的獵頭，也能將求職技能分享給身旁的朋友，或許只是幫忙看履歷、用正確的心態提出客觀建議。

分享我喜愛的一段話作為結尾，期望我們都在變得更好的職涯路上。

"To love. To be loved. To never forget your own insignificance. To never get used to the unspeakable violence and the vulgar disparity of life around you. To seek joy in the saddest places. To pursue beauty to its lair. To never simplify what is complicated or complicate what is simple. To respect strength, never power. Above all, to watch. To try and understand. To never look away. And never, never to forget." —— Arundhati Roy

Lynn

1

當自己的獵頭

想要當自己的獵頭（Headhunter），從求職者上升成機會尋求者，
基礎課題則必須保有最基礎的求職者意識——能夠彈性切換主動、被
動求職者的角色，具備主被動的身分意識，保持「求職敏銳度」，針
對可能面臨的問題，做好日常檢視與準備，升級求職技能。

Match Point

★ 求職，分秒必爭！掌握時間做對的事，才會吸引對的
　 人，拿到好工作。
★ 把自己保持在最佳狀態，時常確認自身工作價值與「能
　 見度」。
★ 試著想想，你會如何定義一個「好的機會」？

求職，是我們在一生職涯當中會不斷遇到的事。但從我入行至今的觀察發現，職場人對於「求職技能」的概念相當薄弱。尤其，資深職場人面對現代職場的變形，在處理這樣的轉型衝擊，挑戰度並不亞於年輕職場人失去職業方向感的問題。

或許，在學校裡、在生活上，我們都太過專注於專業能力的養成，忘記了這項重要的輔助，也就是「求職技能」，才是真能推自己一把的關鍵。

如果你想要當自己的獵頭，從求職者上升成機會尋求者，那麼你的基礎課題，則必須保有最基礎的求職者意識——能夠彈性切換主動、被動求職者的角色，具備主被動的身分意識，保持「求職敏銳度」，針對可能面臨的問題，做好日常檢視與準備，升級求職技能。否則，當面臨工作上的驟變，再來思考備用方案可能就太晚了。更糟的是，這時你可能已經沒有任何求職籌碼，還陷入「厭惡工作」的循環中。

1——主動求職者，請把時間用在對的事情上

在職業生活中，伴隨不同工作階段，分別會有不同的「求職角色」出現在我們身上。也許你才剛加入新公司，對目前為止的工作還算滿意，對於那些網路上跳出的職缺廣告，並不會去多想什麼，因為這時的你處在「被動求職者」的狀態。

又或者，你已在公司任職一段時間了，正面臨許多無法靠自己克服的問題，於是萌生了轉換的念頭，開始觀望新機會，也開始著手撰寫履歷、更新領英（LinkedIn）。這時，你就成為了「主動求職者」。

主動求職者最容易對職缺訊息有反應，並且會主動與招募、獵頭、目標公司直接聯繫，以取得工作機會。我常常會提醒主動求職者：「想太多沒有用，具備選擇權才有用！」不要將精力耗在糾結各種細節，像是履歷字體大小、漂亮排版、寄送履歷的時間等等。因為，更重要的，是你要能有效率地出發：列好目標公司的機會清單，並且有策略地提出申請，讓雇主能具體感受到你的能力與價值，提高得到聘書（offer）的機率，才能擁有更多選擇。

當你處在主動求職者的狀態，有四大關鍵需要優先檢視並調整，加入到求職過程中：

具備有效率的求職策略

➔ 問問自己：我是否具備了客製履歷、求職信與領英檔案？

如果想在眾多主動求職者的競爭中脫穎而出，請一定要將履歷與求職信「客製化」。

特別在求職時機恰逢經濟低迷時，請務必要有心理準備：需要花上比平常更多的時間，才能找到工作。

但多數的求職者反而會在此時為了急於提高投遞履歷的回應率，而「海

投履歷」，可其實這會虛耗精力與時間。因為，換個立場來看雇主的招募心態，在面對預算緊縮，為確保每分付出都能得到應有的價值，勢必會以更嚴格的方式挑選人才。自然而然地，對於這些海量履歷就有更高的篩選標準。那些看不出重點的履歷，當然一下子就會被踢除。

因此，請將心力聚焦於可以控制的事情上，像是：研究目標公司、職位需求，撰寫出客製履歷與求職信。從求職動作提升到求職策略的層次，能讓你有效提高回應率（關於客製履歷的撰寫方法，請參閱第二章）。

從「現在」出發的心態

➡ 問問自己：現有的求職觀念是正確的嗎？有無符合職場趨勢與實際需求？

有些職場人，他們的職場態度良好、工作能力佳也非常努力，但總是感嘆自己沒有「工作運」，求職碰壁、面試失敗。然而，這樣問題的發生，有時卻相當單純：沒有把對職場的認知拉到現在來思考，自然連帶影響到談吐與應對方式，成了他人眼中「過氣的求職者」。

Lawrence目前在某知名的外商，擔任專案經理一職，一晃眼，這已經是他在這家公司工作的第六年了。但從前年開始，他開始嚴重感受到工作內容的僵化，看不到任何晉升空間，於是開始展開一系列的主動求職。而履歷經驗值不差的他，的確總能在求職過程中取得面試邀請，但最終卻都無法得到雇主的認可並聘用。

　　一次合作中，我發現Lawrence對於新機會的評價標準，總是會不自覺地與「所認知的環境相比」。譬如，當他與新創公司面試時，對於辦公室的開放式環境、同事年齡層偏低、做事調性變化快速，內心便會產生「這樣很奇怪」的負面聲音，而不自覺地將這種感覺散發在面試當中。

　　最終，即使雇主覺得他的專業能力不錯，但想到他可能會面臨無法適應團隊的風險（甚至看來無法自行調整），也只能對他說：「保持聯繫，有機會再行通知！」

　　當知道得不夠多，就會產生衡量標準設定錯誤的風險。以Lawrence來說，他只是太習慣在規模大的組織、分工明確、有制式的辦公室工作，但卻忽略了現在的職場風氣，不論是在任務分工、辦公環境上，確實是變得更加開放，這影響了他所散發出來的頻率。當然，他也可以不調整心態，按照舊思維去選擇工作。但這樣可供選擇的機會就不會多了。

　　因此，主動求職時，不妨試著去問問看那些總是看起來機會很多、保持活躍的朋友、同事們（或是值得信任的獵頭），近期他們所感受到職場的變化是什麼？評估看看自己的心態，還能做什麼樣的調整。然後，從現在出發！

化夥伴為貴人

➡ **問問自己：你如何與求職相關的人員應對？而你能怎麼幫助到他們？**

　　因為主動，所以更容易陷入「我想要」的單向想法中，忘記了換位思考在求職過程中的作用。

　　在求職過程中，你最常會碰到三種相關人：1.企業的招募人資、2.第三方招募人員（人力派遣、人力仲介、獵頭）、3.用人主管。

　　而每次與這些對象的互動中，務必要清楚知道：每個人都有把你往下一關送的影響力，只是輕重多寡而已。譬如，求職者常會認為，人資只是個傳聲筒，單純負責安排面試罷了。但殊不知，在你與用人主管的面試搞砸時，人資可能會幫你向主管爭取到「再一次的面試」以扭轉機會。這樣的真實案例，我遇過不少。因此，即便對方不是最終決定者，但在應對態度上請別忘記：對方可能會是你潛在的貴人，保持尊重、平行溝通的立場較為恰當。

　　同時，也要認清他們沒有任何義務幫助你。畢竟，這些角色都是為公司工作，但若你能拉高層次思考：這些相關人與我有同樣的目標——適合的人（適合的工作），便有助於你換位思考，展開平行對話。也許，你能從用人主管口中得知，公司實際面臨的痛點、從招募口中聽到主管偏好什麼隱藏特質的人……這樣的資訊，都是讓你可以有別於其他面試者的情報。

個人品牌定位

→ 問問自己：你令人馬上聯想得到的特色是什麼？

你有沒有在特定情境時，第一時間聯想到某個人的經驗呢？

假設你在飯店業上班，一個奧客正以情緒化的言語攻擊你，甚至提出無理的服務要求。而沮喪之餘，你的腦海浮現出：「如果是Vivian，她一定能將這個客人處理得很好……」

因為，Vivian＝能夠安撫他人＋處變不驚的高EQ＋服務業從業經驗，這就是相當明顯的職業價值與個人特色。

在職場上，包括面對不同的求職機會，優先定位好自己的個人品牌很重要。站在雇主的角度，一個職缺可能會收到上百封履歷申請，這也代表了有上百個與你背景相似的求職者在與你競爭。若想要在這之中顯得突出，關鍵就是要能激發雇主想像可以依賴你的情境。

基於這樣鮮明的辨識度，我曾合作不少職場人成功轉職，縱使我們的互動僅是一面之緣。但因為在認識初期，對於對方的個人特質、做事風格或人生經驗之類，留下了深刻印象。當特定工作機會出現時，便會浮現出：「在這個情況下，XXX一定可以解決」這樣的想法，進而再次取得聯繫，也更精準地介紹了適合他的機會。

在你遞送履歷、進入面試關卡前，請一定要問問自己：我夠突出嗎？我想要呈現的專業經驗與個人特色是什麼？這也是求職策略的一環，即為「你的職業形象策略」。

2——— 被動求職者，該隨時保持最佳備戰狀態

現代職場上，超過半數的工作者狀態都屬於被動求職者。所謂被動求職者的求職行為，顧名思義，多是採取觀望的態度。他們可能不一定積極尋找，但若被介紹了一個好機會，是願意隨時轉換的。但從我面對被動求職者的經驗中，發現這樣的心態這也很可能造成兩種極端狀況，便是萬年旁觀者與職場跳跳族。

前者是當機會來敲門，卻不知道是一個機會，缺乏勇氣做出關鍵選擇；後者是只要看到機會的甜頭，就想藉由轉換來占便宜。請一定要小心這兩種心態，都可能在職涯中後期讓自己走得辛苦。

而當你處在被動求職者的狀態時，也有三大關鍵需要定期檢視並調整，才抓得住即刻上門的機會：

實際價值累積

➡ 問問自己：你的工作價值是否有持續產出？

當處於被動求職者的狀態，是無法預測好機會什麼時候來敲門。它可能是在你剛起床時，手機螢幕上跳出的陌生簡訊所帶來的；趕上班時，潛在雇主打來的初步篩選電話；和朋友吃飯時，不經意提起明晚想將你介紹給某主管認識。

即便你處於安逸的工作環境，為了這「未來時刻」，請還是要保持危機感與競爭力，並隨時能夠證明：

> **你仍然不斷在學習成長，並且正身處組織核心專案，或未來重要計畫之中。**
>
> **你仍然持續產出得到認可的工作表現，甚至這些表現帶有影響力。**

通常在進入一份工作的前期，衝勁與熱情會幫助你，完成很多連自己也感到意外的事。一段時間過後，能否穩定且持續表現出相當的水準，卻是較具挑戰性的。但偏偏能保持這樣工作水準的職場人並不多，大概只有少數百分之二十的人，能將受認可的表現持續發揮，並轉化為受認可的實力。往往他們也是雇主爭相想挖角的對象，可能在他真正想要轉換時的前一年，就被「預訂」走了！而剩下百分之八十的人則可能苦苦停留在觀望階段，怨嘆這世界上沒有「好」機會。

身為被動求職者，請一定別忘了在現有環境中，也要保持增量價值累積的意識，這也是累積籌碼、抓住機會的關鍵。

我遇過有些中高階的專業工作者，他們透過保持履歷的更新，記錄自己的成就，來檢視自己有沒有持續產出價值。畢竟在履歷上的東西是需要具體

化（量化）的，保持更新，除了避免忘記自己做過什麼，同時也是實際的自我檢視。

數位職場能見度

→ **問問自己：現在的職場曝光能見度如何？誰能看到你？聯繫得到你嗎？**

許多職場人問過我：「要如何才能被獵頭看到？」但我覺得，因領英的流行，「被看到」似乎也不是一件難事。進入到這種跨國的求職網路平台，你會看到的不只有獵頭，甚至還有心儀公司的人資、用人主管，幾乎都活躍在這網站上面。甚至，對於有些職場人來說，這種透明化反而造成了困擾，三天兩頭接到那些「介紹與他們完全不相關」的工作機會的電話。

想要兼顧能見度與被對的人聯繫，在這種數位傳達上，其實可以再更優化：

★ 經營數位能見度，對現有工作或未來銜接是有幫助的嗎？
優先定位好使用目的是什麼？是吸引海外機會？想增加知名度？累積轉型的自學分享？擴展人際圈？

★ 你想要呈現的個人風格是什麼？能運用什麼樣的語調傳達語句？
你想讓人感受你是個開朗幽默的人？邏輯嚴謹的人？浪漫隨性的人？
而什麼樣的人會喜歡你的特質？（這攸關如何吸引跟你風格相近的人、公

司、工作機會）

★ 你想要加深什麼樣的專業印象？

你的職業是什麼？專業知識與技能為何？你希望能幫助別人什麼？

★ 你想要傳達出自己什麼樣的人生故事？

看到你的描述，能帶給他人什麼樣的想像畫面？會讓他人想要跟你一起共事嗎？

★ 拓展範圍又要到哪邊呢？

Email、部落格、領英、臉書、Google+、GitHub、客製個人網站？

　　在網路時代，「保持能被看到」很重要，現在的職場能見度已經不僅在團隊、公司間，它甚至可以被拓展到業界，或者不認識的人眼中。尤其，對於設定多重職業角色或自由工作者來說，這甚至是必要的職場經營方式；對於喜愛保持低調的職場人而言，採取有限度的個人品牌經營方式，也不失為好方法來被動吸引機會。

鎖定隱藏版機會

→ 問問自己：下一次，還要透過丟履歷來轉換工作嗎？

最活躍的求職市場往往都是在那些看不見的地方，但卻也是職場人最容易忽略的：隱藏版求職市場。

在數位科技的帶動下，可見的求職管道變得更透明化，除了傳統求職網站，在聊天群組、臉書社團都可以看到許多職缺訊息。站在被動求職者的可見觀點，會認為接觸機會好像很簡單，多會想：「等我想找再找就好了！」但卻忽略了，你看到的都可能只是「機會廣告」，甚至都是三、四手職缺了，而這樣的想法等到真正想要尋找工作時，就可能會有撞牆的風險。

關於機會廣告，我們先來看看一個職缺的產生，背後是如何運作的：

雇主的邏輯

1. 產生職缺需求 ⇒2. 公司內部人才推薦 ⇒3. 外部關係推薦 ⇒4. 發佈職缺訊息 ⇒ 大量比較

時間落差

求職者的邏輯

A. 看到工作職缺 ⇒B. 四處詢問，打探消息 ⇒C. 準備應徵資料並送出 ⇒D. 等待面試

你會發現，你的A步驟其實是雇主的第四步驟。對於雇主來說，必然有其業務需求所以產生了職缺。而不論是以節省成本，或是信任度為出發點，這時候優先採取的，都會是從「內部推薦」開始。這階段的人才聘用關鍵，反倒是關係第一，履歷第二。

因此，若你仍用舊有習慣看待就業市場，不管是在思考時間的差距上、接觸雇主的方法上，都是無法接觸到隱藏版的機會。而偏偏隱藏版機會多了些人情、多了些彈性，有更多「好」的機率。

因此，即使是處於被動狀態，內心還是要保持進入某間特定公司的想像，並且要開始思考怎麼去接近他們：

★ **你心中那些潛在的興趣公司有哪些呢？**（試著從工作中觀察：合作的公司、競爭對手、夢想公司）

★ **他們公司有哪些人？**（試著上領英、臉書、谷歌看看有誰在這任職、有沒有共同朋友）

★ **你該如何認識他們裡頭的人？**（工作上會接觸嗎？能夠透過共同朋友推薦嗎？他們常會出沒在哪裡？）

★ **誰是最具有聘用權的決定者？**

如果你對這樣的「接近」反感，對所謂「人脈建立」反感，不妨轉念想想：「我想要去某個地方，要向誰問路呢？」

記住！你只是在工作地圖上，問路。

3——— 成為機會尋求者：如何獲得好機會的關注？

如果你連一個好機會都無法定義出來，那麼擁有自己滿意的職涯可能離你很遠。

每當我打電話給候選人（candidate）詢問對於新機會的接受度，多數人會回答：「只要是好的機會，我就願意考慮。」而若再多問一句：「那對你來說什麼是好機會呢？」

通常只會得到非常模糊的答案，像是：「我希望公司文化開放、辦公室不要太遠、老闆好溝通相處、可以給我舞台發揮、同事間不會勾心鬥角，最後當然最重要的是薪水。」

遺憾的是，這樣的回答根本不可能讓你吸引並得到好機會。甚至，站在真心想要挖掘人才的雇主、第三方招募的立場會認為，你並不是真心想要尋求機會，而且缺乏對職業發展的規劃與想像。

接下來，我們可以聽聽看另一種回答：

「我希望下一份工作能在微型組織工作，公司人數不超過五人，我是技術背景出身，產品技術門檻高對我不是問題，我能夠轉換成易懂的語言與客戶溝通。而做『新的事情』是我比較感興趣的，像是銷售未成熟型的產品，尤其是透過通路的策略合作佈局。」

這是我的一位候選人Peter，在面對同樣的問題時所做的回答。在他的回答中，可以明確瞭解到他的「機會樣貌」，包含了公司規模、工作方式、優勢強項、期望目標。

當然，回顧Peter的早期職涯，他也經歷過幾次陣痛的轉職經驗，但這都不影響他對於自我探索的信心：持續驗證到底什麼是適合自己的機會。最後，找到了最容易放大自己優勢的機會樣貌。

在滿足大方向的「基本」條件下，他也省去了許多過濾機會的腦力、時間成本，更專注地思考機會所伴隨的利益關係人、主管風格、生活品質、成長空間、薪資待遇、市場機會與時機點等細節元素。

以結果論來看，Peter這類自覺程度高的求職者，確實往往都在面試交流中，透過具體化的溝通，獲得大部分雇主、獵頭的親睞，即便這次未能有機會合作，在人脈的拓展上仍相當正面。

如果你是真心想要吸引好機會，請一定要試著去搞清楚大方向：想要且適合自己的機會是什麼樣貌？這可以幫助你選擇，並省下很多心力，當然，你可以透過以下問題用多一些聯想去定義它。甚至，把你的答案寫在空白處。

從公司大小

→ **問問自己**：你會如何形容現在的公司規模呢？你覺得工作上舒服嗎？

從公司文化

→ **問問自己**：你會如何形容現在的公司？（友善的？好玩的？競爭的？龜毛的？重視家庭的？關懷的？熱鬧的？）

什麼樣的同事在公司容易備受認可或得到晉升？他的個性和剛剛你形容的文化相似嗎？

哪種職位在公司看起來最有價值？（業務？會計？工程師？設計師？）

從公司做事步調與節奏

→ **問問自己**：上班的工時有多少？心情如何？是每天都像在賽跑？還是步調很慢呢？

從公司（主管）管理風格

→ **問問自己**：如果在最頂尖的公司工作，也有優渥的薪資待遇，但是如果你面對的直屬主管，讓你感到進公司時都有種生不如死的感受，這樣是個好機會嗎？

你現在的主管如何？（可靠？誠實？嚴肅？開放？願意讚美？一針見血？共享利益？）其他部門主管也是這樣嗎？

看似機會很多，卻缺乏判斷標準，將不適合自己的機會誤判為好機會，自然會連帶影響職場成長的速度。如果你能夠保持高度的求職敏銳度，就可以將自己擺放在放大優勢的位置上（你比獵頭更瞭解自己！），更容易取得工作上的肯定，隨之提升自信心，能夠做的事情格局將變得更大。當能力與經驗翻倍成長之下，可爭取的待遇空間也會跟著擴大。

隨著每個人的探索階段與自我認識不同，好機會的定義必定會有變化，但要知道自己的限制與彈性，配合理性判斷做好動態調整，有一天你可能會發現——能幫助你的人變多了。

2

履歷決勝點！

回顧我的獵頭經驗，透過許多與候選人的前期溝通，藉由各種開放性問題去討論個人價值觀、現階段人生的優先順序、工作技能與職能盤點、能帶得走的人脈經驗，最終針對單一職位、單一雇主，呈現出最適切、相關的那面來幫助求職者轉換到理想工作。而現在，你也能為自己這麼做！

Match Point

★ 請記住！履歷是拿到面試的門票，而不
　是該工作的「聘書」。
★ 當履歷是推銷自己的廣告，你還會用現在的方
　式寫履歷嗎？
★ 六個步驟寫出最能展現自身優勢的履歷。
★ 非知不可的數位履歷。

不曉得你有沒有經歷過這樣的階段？

從一開始抱著熱血沸騰的求職心情，到網路上收集各種寫履歷的小撇步、下載會勝出的履歷範本，改來又改去，結果越寫越模糊，想著乾脆透過他人代寫、找平台產出履歷。最後，生出了一份連自己都感到懷疑的履歷，也越漸失去自信。

求職技能是每個人一生都該具備的基礎技能。在與這麼多求職者合作的經驗中，我想告訴你，別過分擔心，很多人都經歷過如此的「撞牆期」，最終獲得這樣的「一生技能」來幫助自己面對每一次的求職，客製出能夠讓別人理解自己的有效履歷。

藉由我入行以來看過近三萬份履歷的經驗，在這個篇章中，我將一步步陪伴你，來著手寫出屬於自己的現代履歷。

1—— 什麼是履歷的真正目的？

在整個招募流程中，履歷是位在很前面的，而能否「得到面試機會」，就要靠履歷來比拼。

許多求職者在撰寫履歷時，往往會忘記「得到面試」這個關鍵核心，卻時常掉入在自己需要與想要的腦內漩渦中，一直糾結著：「我具備什麼技能……」、「我有什麼樣的性格特質……」、「我有什麼樣的經驗……」

最後履歷變成了一份「職責清單」，卻忘了切換到雇主立場，撰寫一份能讓人感受到「你的價值」的履歷，導致最終只得到了許多張「謝謝你的申請！」的無聲卡。

接下來，我們就來看看常見的履歷錯誤有哪些。

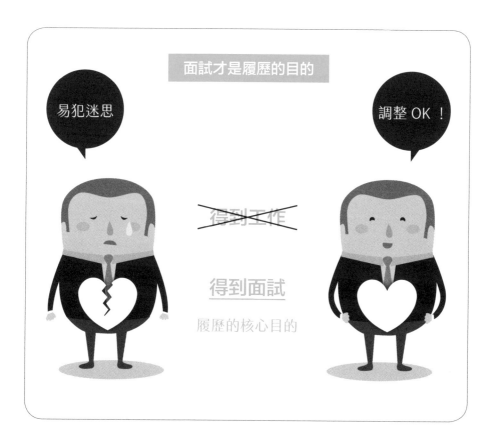

常見的履歷錯誤

☒ 一份履歷打天下

若你還抱持著一份履歷就可以打天下,這樣的心態是很危險的。當你的競爭對手都以「客製化履歷」來應徵職缺,這可是會讓雇主覺得你是一位「亂槍打鳥型」的求職者,進而錯失機會。

甚至,現在除了有紙本履歷還不夠,你還需要能夠呈現在領英、臉書,這樣的數位履歷(digital resume)內容來輔助。

 **如何解決** ┈┈┈▶ 分析職位說明書 P.42、求職信運用 P.71

☒ 過度形容自己

成功的團隊領導者(a successful team leader)、能夠與C層級主管有效溝通(ability to communicate effectively with C-levels)、分析能力強(strong analytic skill)、能夠獨立工作(work independently)……這些「軟性敘述」在十份履歷裡有八封會出現這樣的字句。然而,這些求職者想告訴雇主:「我很好!」卻缺乏實際證明,這是非常可惜的狀況。

 **如何解決** ┈┈┈▶ 分析自己的核心能力 P.47、提升履歷說服力 P.50

☒ 用漂亮排版就能取勝

許多網路平台會提供優化履歷的服務，標榜能夠幫助求職者得到工作，但其實只是利用漂亮的格式排版，將履歷現有內容重組。而這在大部分人資與用人主管眼中是無效的。

請務必小心，求職者如果不是應徵創意或設計相關職位，通常越花俏的履歷排版，越容易讓人聯想：「這個求職者在隱藏什麼呢？」「為什麼要用花俏排版來包裝？」因此也提高了被拒絕的機率。這樣的排版還會擾亂求職者追蹤系統（ATS）的辨識。而當辨識無效，真的就在篩選階段說拜拜了。

? 如何解決 ┈┈┈┈▶ 履歷格式的選用 P.56、針對 ATS 的現代履歷 P.40

其實，許多人常問我：「到底如何寫出一份好履歷？」

而回顧我的獵頭經驗，在決定將候選人呈送到雇主面前，我其實花費了許多時間在與求職者的前期溝通上，透過各種開放性問題去討論個人價值觀、現階段人生的優先順序、盤點工作技能與職能、能帶得走的人脈經驗，最終針對單一職位、單一雇主，呈現出最適切、相關的那面，最後幫助求職者轉換到理想工作。

這件事情是你也可以幫助自己做到的，只要你也願意認真地為自己「盤點一次」，那麼得到面試的機會將大大提升！

求職重要的心智切換

從雇主的角度，看待自己在組織環境的價值；

以獵頭的角度，看待自己在人才市場的價值。

2—— 現代履歷有什麼分別？

就好比個人廣告一樣，履歷是行銷自己很好的工具。試想，你在電視上看到的廣告都是有——明確的品牌、目的、廣告族群。而這三點，便是著手的關鍵！

傳統履歷的寫法都是看到一個有興趣的工作說明（job descriptions；JD），花不到三十秒的時間閱讀完，便馬上開始把自己的工作職責、資格條件一一列好，變成一份履歷送出。但對於現代的職場，這樣的方式已經OUT了。

現代履歷的寫法更強調的是職能導向（competency）。職能導向甚至也帶動了行為面試、履歷篩選軟體、訓練與薪資軟體、工作說明書設計的流行。

如果「職能」這一詞對你來說很陌生，不妨想成是你的職業「核心」能力，而職能＝技能（skill）＋知識（knowledge）＋應對的特質態度（traits／attitude）。

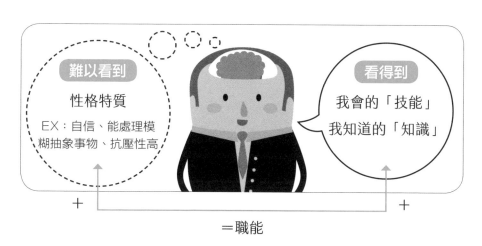

有別於過去我們所強調的知識與技能，職能更重視的是工作者個人獨特的應用特色，加以運用、延展、擴充你的知識技能。

舉個例子，Becky是位業務，擁有不錯的溝通能力，總是能將複雜的產品以生動淺白的方式來陳述。然而，這樣的能力是其他業務惡補也可以具備的。不過，Becky可以運用她個性圓滑的優勢，透過與客戶當朋友的關係，讓他人不會感覺到壓力而成功結案，這就是她所展現的態度，也顯示了她為組織帶來的個人價值。就算Becky要跳槽去賣其他產品，也不是難度太大的挑戰。因為，只要她能夠自我察覺到這點，她的應對態度會不斷磨練，提升成她自己的特性。

所以，準備一份現代履歷時，請轉換到這樣的心智——要目標明確地針對JD來拆解雇主所需要的職能，用相同語言溝通，寫出人與機器（應徵者申請系統）都能理解的「關鍵字」，考量易讀性，並選定適合的格式呈現。

傳統履歷 VS. 現代履歷

	傳統履歷	現代履歷
著重點	工作歷史（經驗導向）	工作結果（成就導向）
適用性	一份履歷通用全部機會	客製履歷針對不同機會
篩選人	人資、用人主管	人資、用人主管、機器
撰寫邏輯	個人經驗盤點▶技能盤點▶教育程度▶自傳	分析職位說明書▶成就盤點▶拆解職能▶求職信

你知道現在在網路上投遞履歷，第一個看到履歷的並不是「人」，而是機器嗎？現代履歷帶來的另一個挑戰是：求職者追蹤系統（Applicant Tracking System; ATS）可能會阻擋你的去路。

試想一下，通常一個職位的開放可能接受到二〇〇多份的職位應徵，但其實有效數目或許只佔了百分之五，也就是說只有十份履歷是值得考慮被邀請面試的。

許多超過千人的大型企業，每週更可能收到上萬封的履歷，像谷歌每週約有七萬五千份。由於數量龐大，已經超出人的眼力與腦力負荷，因此ATS成為了公司無效履歷最好的守門員——透過抓取關鍵字（Key words），判斷你是否適合推薦給人資、用人主管做下一步安排，或者直接收納在系統的人才資料庫內。

不會被忽略的「ATS」的履歷

掃描QR CODE
跟著影片操作更清楚！

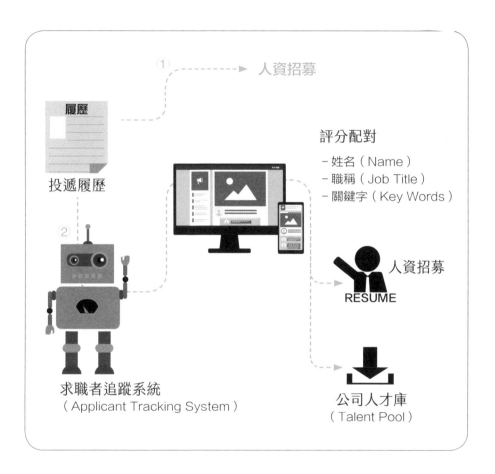

因此，撰寫現代履歷時，從瞭解職能系統的流行、履歷關鍵字的選用、履歷格式使用、針對ATS再優化、求職渠道的發布，都將影響求職者的能見度。當你開始理解現代履歷的寫法，便已經逐步進階到「求職策略」的發展了。

3——開始著手你的現代履歷

現代履歷以職能為出發點，因此接下來我們將展開寫作過程：1.分析工作描述、2.選定適用格式、3.職能盤點、4.抓取履歷元素。

請分析雇主語言、盤點配合的職能、選定自己的價值與期望，與目標融合、選對方式包裝。而這個篇章，我們將以求職者最困擾（但也最想具備好的）英文履歷來示範。當你掌握了運用技巧後，將會意外發現英文履歷甚至比中文履歷更容易下手呢！

Step1. 分析職位說明書（job description）

🎯 目標：站在雇主觀點看自己

許多人認為，職位說明書很無聊，但魔鬼藏在細節裡，其實職位說明書隱藏了很多「好」線索，這些好線索能幫助你：

★ **用雇主語言呈現履歷。**

★ **帶你通過機器（ATS）的履歷掃描。**

第二點是許多求職者常漏掉的細節，導致興奮地送出履歷後，便再也沒有收到任何回音。最慘的是，履歷根本沒被人資看到，直接躺在人才庫（talent pool）裡。

一份職缺說明書，通常會包含以下這些元素：職稱（job title）、工作地點（job location）、主要職責（job duties）、資格條件（qualification）、要求技能（skill）、要求經驗（experience）、理想經驗（preferred experience）。

更重視人才素質的公司，甚至會明確地寫出他們的公司文化（company culture）、所偏好的人才特質（personality traits）

因此，請仔細閱讀職缺說明書中的用字，並且善加拆解（下文範例可與說明一起對照閱讀，將更有幫助）。

Manager, Online Hiring Strategy and Marketing①

ABC Company

Hsinchu, Taiwan②

Do you have some serious skills in business strategy, marketing strategy and product management⑤? We're looking for you to help us build the business of online hiring③! ABC Company is known for our advanced technology development-- and for the people behind them. Whether you can make our hiring systems more efficient, planning for our growth③, building③ relationships on college campuses④, or developing③ the next generation of artificial intelligence engineer④, you have an eye for the recruitment needs of ABC and the broader perspective on online hiring.③ As a trustworthy advisor,① you should be dedicated on marketing, analyzing and understanding③ digital candidate④ for ABC company's long-term hiring needs, and be the glue that ties together a social media team and an international group of recruitment teams.④ If you are both proactive and ingenious -- and excited to share the huge passtion⑤ for working at ABC-- then you are the person we are looking for.

在開始分析JD時，請試著找出以下關鍵：

① **職稱頭銜**：尋找職缺的頭銜。有些公司外部頭銜與內部職稱不一定相同，可以注意有無對內對外的角色之分。譬如，在這份JD中，外部頭銜是Manager, Online Hiring Strategy and Marketing。在內部則被期待為一位值得信任的建設者，advisor。這都能幫你在客製履歷中找到定位。

★要注意：撰寫履歷時，請使用與JD一樣的頭銜。

② **工作地點**：尋找工作地點。像是Hsinchu, Taiwan

★要注意：撰寫履歷時，如果職缺上是Hsinchu（新竹），而你的履歷卻寫Yunlin（雲林），便有可能造成ATS系統在篩選上產生誤解，誤會你不屬於在這個地區的工作而踢出篩選，所以別忘了要把關鍵字加進去。

③ **職責**：試著找出常出現的關鍵字，這關鍵字通常是主要且重要的職責。譬如，範例中一直出現的Online Hiring、Marketing。

★要注意：一邊思考自己有沒有這樣的工作經驗，沒有的話，該用什麼經驗去補充：你如何用不同的方式達到目標。有的話，則請使用與JD同樣的名詞，優化你的履歷描述。

④ **合作夥伴**：合作的夥伴包含哪些對象？他們是什麼功能領域？譬如：college campuses、artificial intelligence engineer、social media team、international recruitment teams。

★ 要注意：很多讀者會強調自己有跨職能（cross-function）的溝通優勢，不妨再把對象描述得更為具體。

⑤ **運用的硬技能、軟性特質**：職缺所需要的技能與特質為何？
比方說，硬技能的business strategy, marketing strategy and product management、軟性特質的proactive and ingenious。

★ 要注意：在履歷撰寫上，可以使用雇主的行話說明硬技能；而軟技能，你可試著用同義字取代以形容自己。

　　當仔細拆解完成，就會發現裡JD頭有許多你能夠客製履歷的線索。而如果是沒有JD，或是JD寫得很籠統的狀況，也不用太緊張，不妨參考目標雇主的現有網站資訊＋同樣職位其他雇主的JD，找出你能夠客製的線索。

Step 2. 分析自己的核心能力

🎯 **目標：盤點工作成就，擷取出自己的職能**

有沒有想過，在與你投遞同一個職位的「有效」競爭者，都與你有相同的專業技能，具備差不多的能力水平，那這時你要怎麼做，才能有別於他人呢？職能就是讓你變得獨特的關鍵。

我們在一開始就強調了，履歷的真正目的是——得到面試機會。那麼，分析完你感興趣職位的JD後，就要來盤點自己的工作經驗，並且思考，要擷取哪些職能放在履歷上呈現，才能幫助你成為雇主想要邀請來面試的求職者。

身為求職者，我們可以把職能聯想成：工作者的技能知識（skill & knowledge）＋態度（attitudes）。即便我們有相同的技能知識，但個性特質卻會影響我們做出不同的決策行為。

隨著工作年資配合刻意練習，會讓工作者的職能從「知道我可以做」的階段，到「我成為這個能力的專家」的階段，向上提升。

譬如，以寫程式的技術技能來說，從：懂得寫程式 → 流暢地寫程式 → 彈性地開發程式 → 鑽研出先進程式。

在這四個階段中，你可能需要配合特質的應用：學習力 → 溝通內化力 → 表達應用力 → 創意與藝術思考能力，最終成為那個「只有你能開發出來的」專才。

而許多人資也是從職能觀點出發，去設計職缺所要的人才樣貌，所以我們在這邊要做的就是：反推回去！將你的核心特質具體化呈現與有效溝通。

你可以藉由成就清單，把小細節到大事紀全部都寫下來，不論是在工作中或日常生活的事件，不要害羞地全部寫下來，想想看：

> 1. 最近有什麼讓我覺得成就感高的事情發生？
> 2. 我在裡面參與什麼樣的角色呢？
> 3. 如果成就感可以打分數，我會幫這個事件打幾分呢？
> 4. 為什麼你可以做到？你當時運用了什麼特質與態度？

隨著你記錄越來越多，就越能抓住抽象、片段的想法，並且觀察自己，發現：「喔～原來我有這樣的能力呀……」而這樣的發現，能夠讓你開始找出累積的天賦線索。

你的成就清單

時間	完成事項	參與角色	成就感分數	你運用了什麼特質、態度？
2017／4	負責北區新業務拓展，帶領團隊達成業績。	業務經理	1234⑤	領導力、親和力、耐心
2017／5	把一個其他同事感到頭疼的客人，轉換成我們公司的客戶。	任務技術支援	12③45	細心觀察

表格說明：
近期完成過什麼事呢？日常事項也可以。

表格說明：
完成這個項目，你的成就感如何呢？請標出分數。

表格說明：
為什麼只有你能完成呢？你運用了什麼心態、技能去面對？

　　我會建議你定期更新成就清單，這份清單也將有利於你準備之後的面試回答。而在完成成就清單後，針對每個不同的應徵職位的期望經驗、公司文化，從中選出三～五項成就，放在履歷當中，作為你的「廣告重點」，突顯自身優勢。

　　像是，我特別擅於與人快速建立起關係（親和力），仔細傾聽團隊成員在業務上的回饋建議（耐力），與他們共同制定銷售計畫與目標，善用團隊不同的業務風格，得以在一年內打開北區市場的開發（領導力），達到年度業績超標百分之一百二十。

Step 3. 提升說服力

◎ 目標：有效的價值傳遞來自於具體化事蹟

　　現代（職能型）履歷強調的是，在特定情況下，你如何應對與解決，達成目標。因此，除了思考自己有什麼樣的經驗外，更需要去思考如何「證明」你有這樣的經驗。還有，這樣的經驗是幫助組織帶來正面成果，你能夠以「這份行動」的獨特技能帶到下一份工作中。

　　為了使語句更有說服力，你可以活用「星星原則」（STAR　Method）來幫忙。

★ STAR 原則的架構 ★

S =情境（Situation）：你在什麼樣的情況下？面臨什麼問題？遇到什麼樣人、事的衝突？（宏觀介紹）

T =任務（Task）：你面對這樣的情況，有什麼具體的解決任務？（微觀深入）

A =行動（Action）：你採取了什麼行動來解決問題？（強調完成任務使用的技能）

R =結果（Results）：你最終得到了什麼樣的成果？並給組織、客戶帶來什麼樣的好處？（盡量量化表示或用商業術語解釋最終結果）

　　你可以配合剛剛的成就清單，把雜亂無章的語句，透過STAR重新組成更有說服力的語句。透過下一頁的表格，可以馬上實作看看！

問問自己			試著寫下
Situation	情境	遇到 什麼狀況？	
Task	任務	面對 什麼挑戰？	
Action	行動	採取了 什麼行動？	
Result	成果	解決了 什麼問題？	
變成一段話（中文）			
變成一段話（英文）			

以例子來感受一下！

剛剛的成就清單，你可能這樣寫：負責北區新業務拓展，帶領團隊達成業績。

- **導入Action和Result**：二〇一六年獨自帶領四人團隊，於台北新拓展三家店，為公司當年度創造一三〇％營收成長。

- **加入Situation和Task**：二〇一六年為XX市場的行業低點，獨自帶領四人團隊，於台北新拓展三家店，為公司當年度創造一三〇％營收成長。

感覺到不同了嗎？當然以上舉例只是理想化。在你最終完成的履歷中，有可能不會全部用到STAR這四個好朋友，但有幾點是不可忽略的：

① 所有關鍵點務必包含Action和Result。

② 如果面臨重大的困難或問題，一定要寫出Situation或Task。

③ 如果你的工作性質偏向日常行政或維運，可以選擇不寫Situation和Task，但一定要有Result，去說明你優化了什麼流程增進效率，或幫公司節省了多少費用等。

④ 盡量用數字量化Result，展現令人信服的數據，不是只強調數字就好，要能讓人知道為什麼這數字重要，因為每間公司都有不同的判斷標準。

若你正在撰寫英文履歷，則有另一個小技巧能增強你的履歷語氣：請使用「高強度的英文動詞」作為句子的開頭。

如果要產生讓人信服的語句，你需要搭配高強度的動詞來「活化」已知的事實，先來看看Jack的案例，試著感受看看兩句語句的差別：

A. A successful leader of high-performance teams that can address challenging client situations.

B. Assigned as a new project leader to a client that was previously dissatisfied with our company's services, rebuilding the programming team with talented engineers, rewriting the application to the customer's satisfaction, resulting in an extension of the contract.

Jack原本想強調他是個成功的經理，幫助許多難搞的客戶導入資訊系統，順利結案，但在A句中卻看不出任何有感的實際證明，而許多工作者也常選擇A句的描述方式。

以「高強度的動詞」為基礎的心智，則會產生B句。運用高強度的動詞像是：Rebuild、Rewrite等，都代表他在領導方面擁有更高階的層次，行為的影響力到了扭轉與重整的程度，也隱含了其核心能力（特別擅於重新整頓），這在撰寫英文履歷時是很重要的邏輯技巧。

換個角度來看，如果你是用人的主管，A與B哪一句會讓你覺得有興趣想要面試他呢？

但如果你對於撰寫英文履歷沒有信心，這時也請不用擔心。求職的履歷策略，是要你能用「雇主觀點」來呈現語言，不妨套用B句的結構試試看，並配合表格中的強動詞，將影響力表現出來。

如何加強語句

強動詞 ＋ 事物 ＋ 背景 ＋ 成果 ＝ 強語句

高強度動詞

1. 為公司領導專案	2. 為公司帶來專案
Controlled　控制 Coordinated　協調 Executed　執行 Organized　組織 Oversaw　監督 Planned　計畫 Produced　產生	Developed　發展 Devised　設計 Established　建立 Implemented　實施 Launched　發起
3. 節省金錢或時間	**4. 增加營收、業績或客戶滿意度**
Conserved　節省 Reduced　降低 Yielded　產生	Achieved　達成 Advanced　提升 Boosted　促進 Delivered　實行 Enhanced　提升 Expanded　拓展 Generated　帶來 Improved　改善 Maximized　最大化
5. 改變或改善某種情況	**6. 帶領某件任務**
Customized　客製 Influenced　發揮影響 Integrated　整合 Standardized　使標準化 Strengthened　強化 Upgraded　提升 Transformed　改變	Aligned　結盟 Directed　指示 Enabled　使某人做某事 Facilitated　推進 Guided　指導 Inspired　激勵 Supervised　監督

7. 引進新夥伴、資金或資源	8. 給予客戶、公司支持
Acquired　獲得 Navigated　指引 Negotiated　談判 Partnered　合夥	Advised　給予建議 Coached　訓練 Consulted　諮詢
9. 研究分析資訊	10. 擅長（書面）口頭溝通
Analyzed　分析 Evaluated　評估 Forecasted　預估	Convinced／Persuaded　說服 Counseled　諮詢 Promoted　推廣
11. 確保任務進行	12. 達成目標
Ensured　確保 Monitored　監督 Verified　驗證	Completed 完成 Exceeded 超過 Demonstrated 展現

（履歷開頭動詞都要用過去式，代表做過了、完成了）

Step 4. 選定履歷格式

🎯 目標：選擇贏率最高的呈現方式

　　全球人才移動是現代職場的主流趨勢，你可能會常聽到：哪個同學畢業後去了其他國家發展、辦公室中出現了不同國籍的同事，或跨國公司邀請你做兼差專案。因此，在求職投遞履歷時，求職者被要求同時具有中文與英文履歷，是相當常見的狀況。甚至，許多雇主是直接以「有沒有具備英文履歷」來作為篩選的標準，評估求職者有沒有具備開放成長的態度，所以就算

是自認英文能力薄弱，或是工作仍屬於在中文系國家，還是會建議備有一份英文履歷，且這份履歷也能放置在全球招聘網站上，例如領英，幫助自己被動吸引好機會上門。

不同於制式的中文履歷，英文履歷在撰寫邏輯上的格式編排彈性許多，包括主要三大的傳統排序型（Chronological）、功能型（Functional）、混合型（Hybrid）型態。

而每種履歷型態都適用於不同情況下的求職者，幫助你透過格式的呈現強調重點，例如過去你的工作經驗總是穩紮穩打，相當穩定，沒有轉換不同領域的經驗，那麼使用最常見的傳統型排序格式，對你來說就是好的選擇。

因此，在進行完先前的成就與職能盤點後，請再度思考，自己目前的狀況適合使用哪一種格式的履歷呈現，再將內容填寫進去。

三大履歷類型的特色

履歷類型	Chronological 傳統排序型	Functional 功能型	Hybrid 混合型
特色	強調經驗延續性	強調技能延續性	強調與應徵職缺的相關性

I. C型履歷：Chronological　時間排列型履歷

（○）優點：突出工作者的職業發展和成長，是接受度最廣的履歷格式。適用於想要申請職位與自身工作經歷相同的求職者。

（╳）風險：對於想轉換職業跑道、剛畢業的新鮮人、每段工作期間不長或空窗期長的求職者，傳統型履歷容易呈現跳動頻繁的印象。

　　如果你一直都待在同個產業中工作，而想申請的職位也是在同個業界，那這就會是非常適合的履歷格式，也同樣適用於「沒有」超過六個月以上的空窗期，或是在工作經歷中「有明顯成長或晉升」的求職者。

　　請務必注意，雖然它被稱為「按時間排序」，但這種格式是按照「逆時間排序」（Reverse-chronological），也就是用「最近發生」的時間來寫出經驗和教育順序。例如，你有碩士學位，它應該列在你的學士學位上方，因為它是最近發生。逆時間排序可以使雇主容易辨認出應徵者最近的成就，但我仍遇過許多工作者是由舊到新排列，最近的工作經歷得翻到第二頁才可看出，對於履歷閱讀者來說是難以閱讀的，而這樣的小細節卻經常被忽略。

-💡- 如何開始動手寫C型履歷？

Chronological Resume Format
Name, Contact Info

Summary ● - - - - - - - - - - - - - - - - ·

請總結自己的工作經驗與職場價值為何。

Work Experience
• Job Title, Company, Location, Dates
• Responsibilities (Skills, Abilities optional)
• Major Accomplishments ● - - - - - - - - - ·

履歷閱讀者會因為時間壓力，只選擇閱讀「成就」區塊。請使用先前的成就清單加上 STAR 法則的語句，選擇性放入。

Education
• Degree Earned, Major Field, School, City, Country, Year of Graduation ●- - - - - - - - ·
• Activities, Training, Certifications

請按「最近期學歷」開始排序，不用放到高中。如果是剛畢業的新鮮人，可以放上 GPA 作輔助，或是在校活動。

Other Qualifications/Experience
Certificates, Awards
Professional Memberships
Languages Spoken ● - - - - - - - - - - - ·
Additional Skills

思考看看有沒有什麼額外技能、常使用的工具語言可放入。

√ 聯絡資訊（Contact Information）

聯繫方式一定要編寫於履歷表表頭，才能方便潛在雇主聯繫你。尤其，現在多數的公司都使用ATS招募系統，抓出求職者履歷中的關鍵字在人才庫建檔，再篩選出潛在候選人到HR手中。因此，這也是為什麼需要強調「履歷格式」跟透過「明確關鍵字」去撰寫履歷的重要性。

√ 個人簡述（Summary Statement）

同樣編寫於履歷表頭。它給了你最明顯的版位，以說明你最出色的成就，許多招募人員在短時間閱讀履歷時，會以這個區塊來篩選判斷。像是，Experienced sales professional with 5 years experience. Proven skills of exceeding quarterly sales goals for the past 3 years. Also, skilled in marketing and negotiation. I excel during the most stressful quarters and easily manage several different clients at once.

√ 工作經驗（Work Experience）

將你的工作經驗由逆時間方式排列出來，從離你最近的一份工作開始編寫（新到舊）。如果有任何職位晉升，務必在此區塊中特別強調，並且標註出這段時期達到的成就，依照應徵職缺選擇最相關的呈現。

√ 教育程度（Education）

按最近時間列出畢業學校。而如果你的「學業成績平均點數」（grade point average）小於三·五就不用列出；而工作有五年以上經驗的求職者也不用將GPA寫出來。

√ 技能（Skills）

技能欄位是一個極佳的機會，可以將職位說明書中出現的關鍵字在你的履歷中標注出來。

善用標出關鍵字，能讓沒有時間仔細閱讀履歷的HR、ATS招募系統保留你。特別注意一點，這個欄位的強調永遠是——硬實力（hard skill）＞軟實力（soft skill）。

硬實力強調專業知識與技能，像是「Javascript」、「Supply Chain Management」；軟實力則偏向個性特質描述，像是「hardworking」、「people skill」。並不是說軟能力不重要，而是雇主通常更願意在面試關卡「感受」你的軟實力。因此，在有限的紙本空間中，請集中描述符合資格、能加分的硬實力。

你或許會發現，時間排序型的英文履歷和中文履歷的格式邏輯相似，因此若你是應徵亞洲國家的機會，不妨可以直接運用傳統排序型的格式，套用在中文履歷撰寫，有著完整一份中文、英文履歷，達到一石二鳥的效果。

II. F型履歷：Functional ╱ Skills Format 功能型履歷

（○）優點：適用於想要職涯轉換、更換工作頻繁、有多次工作空窗期、剛進入社會的的求職者。

（╳）風險：沒有辦法連結特定的技巧與工作經驗，這讓招募人員難以辨別履歷價值而有所顧慮。

　　功能型履歷適用於剛畢業不久的新鮮人、休息了一陣子重新進入職場的求職者、自由工作者（freelancer）或設計從業相關求職者。

　　它將引導閱讀者，將重點放在「可遷移能力」（transferable skill；參考P.200）上，因此同樣適用於想轉換跑道的求職者。功能型履歷能引導人資、用人主管，將焦點放在你的「工作技能」，而非工作經歷上。但使用此格式的風險，是閱讀者難以理解你的技能、成就分別是在哪個時期建立的。若要能達到善用F型的格式效果，請務必要先認真分析自己、瞭解自己，歸納出能強化履歷印象的突出技能，或是可遷移能力，這樣才能避免閱讀者減低對工作經驗的信任疑慮。同時，功能型履歷還是需要配合註明你工作的歷史紀錄、在職日期。

如何開始動手寫Functional Resume？

Functional Resume Format
Name, Contact Info

Qualifications

_____

_____

Professional Skill ● - - - - -

Function (e.g., Accounting)
Major Accomplishment/Skills/Abilities
Major Accomplishment/Skills/Abilities
Major Accomplishment/Skills/Abilities

請思考三個專業的核
心能力是共通運用，
也是貫穿不同時期工
作經驗的。

Professional Experience ● - - - - -

Title, Company, Location, Dates
Title, Company, Location, Dates
Title, Company, Location, Dates

不強調各時期的經
歷，條列工作起始即
可。

Education

Degree Earned, Major Field, School, City, Country, Year of
Graduation, Actitivies, Training, Certifications

Other Qualifications/Experience

Certificates, Awards, Professional Memberships
Additional Skills, e.g., Languages Spoken

√ 聯絡資訊（Contact Information）

同C型履歷的寫法，聯絡資訊與地點一定要編寫於履歷表表頭，方便潛在雇主聯繫。

√ 資格（Qualifications）

這個欄位的重要程度就像是：功能型履歷的資格（Qualifications）＝時間排序型的工作經驗（Work Experience）。

在撰寫這個區塊時，請閱讀好你想要的申請職位的工作說明書，並認真問自己：一、過去什麼樣的人生、工作經驗讓我特別適合這職位？二、有什麼樣的專案經驗，能加強證明我有這方面的能力？這樣，你就有許多靈感下筆了。

√ 技能（Skills）

Skills跟Qualifications完全不同。技能是你儲備多年將它練成的工具，而資格是專案經驗、活動經驗、認證證照。

技能這個區塊的撰寫邏輯，在所有履歷格式都是相通的，所以務必從你有興趣職位的工作說明書中，抓出關鍵字參考、配合成就清單所發現的職能來編寫履歷。在F型格式中，我會建議選擇至多三個核心能力，搭配成就簡述，提升說服力。

√ 專業經驗（Professional Experience）

F型履歷的重點是技能呈現，在工作經驗只需點到公司名、頭銜、在職時間即可。這會讓你的空窗期沒有這麼明顯，但記得，誠實為上策！這些資訊在Reference Check階段，能被輕易被查出真實性。說小謊絕對不會讓你走得更長遠。

√ 教育程度（Education）：

對剛畢業不久的新鮮人，這欄位可以與「專業經驗」（Professional Experience）互換，按最近時間順序列出你的學歷。甚至，補充一～三項在校的特殊活動。

如果是剛步入職場的新鮮人，則可以好好利用功能型履歷具體化自身經歷與價值，將在校習得的硬技能、個性中現有的軟技能，配合社團經驗、實習經驗輔助來呈現。

III. H型履歷： Hybrid ／ Combination 混合型履歷

（O）優點：更針對「目標職缺」所需經驗技能陳述履歷，適合重返就業市場，或經驗豐富的工作者呈現重點。

（X）風險：對於求職動機不明確、或未能針對目標職位進行分析，混合型履歷可能變得冗長沒有重點。

　　混合型履歷結合了時間順序與功能型的履歷，特別能針對特定職位中的特定技能／經驗敘述。

　　中高階主管的工作職責通常較廣，利用混合型格式來針對欲應徵職位，擷取出合適的經驗來強化專業度是很好的選擇，譬如你可以在Professional Skill欄位，依照應聘職位選擇最相關的技能，保持Work Experience的內容不變，一樣能達到客製履歷的效果。或者，若你是有獨特技能、經驗超越就業經歷的求職者，不妨好好運用混合型履歷，對於應徵職位更能針對職能加以強調。

如何開始動手寫Hybrid ／ Combination Resume ?

Hybrid / Combination Resume Format
Name
Target (e.g. Marketing Director)
Summary/Qualifications ●----------

針對「目標應徵職位」，思考有什麼直接相關的經驗，能說服對方你是「對的人」。

Professional Skill

Function (e.g., Product Planning)
Major Accomplishment/Skills/Abilities

Work/Professional Experience

Job Title, Company, Location, Dates
Responsibilities
Major Accomplishments ●----------

如果你是換過五次以上工作，或經驗豐富的工作者，可以針對目標應徵職位，於職涯前期工作經驗只保留「相關性高的成就」，就不會顯得履歷冗長。

Education

Degree Earned, Major Field, School, City, Country, Year of Graduation, Activities, Training, Certifications

Other Qualifications/Experience

Certificates, Awards, Professional Memberships
Additional Skills, e.g., Languages Spoken

√ 聯絡資訊（Contact Information）

這與其他履歷格式沒有區別。記得包括「適當的」電子郵件地址，避免像是cuteboy@gmail.com或是princess123@hotmail.com等等這類有失正式的帳號名稱，以及完整的郵寄地址（包括郵政編碼）和電話號碼（包含國碼）。

√ 個人簡述（Summary Statement）或是資格（Qualifications）

你可以針對目標職位選擇使用簡介或資格。個人簡述更注重在你的工作經驗和專業成就，而資格則關注在你擁有的認證證照和專業技能。

√ 技能（Skills）

將你的履歷與工作說明書比對，確認你寫的履歷有包括了工作說明書的關鍵字，才能通過沒時間仔細閱讀的HR與殺人不眨眼的ATS招聘系統。

√ 專業經驗（Professional Experience）

包括在職起始日期，按照近期時間順序列出工作經驗，並配合該時期成就。

√ 教育程度（Education）

同樣按照最近時間，來編排你的學歷資訊。許多求職者已經畢業許久，但仍把教育程度置於履歷表頭，這其實是浪費了履歷最精華之處。

Step 5. 完成履歷的檢查

　　在我舉辦職涯工作坊時，通常都會邀請學員交換履歷，並且在有限的秒數下，幫對方畫重點。很有趣的是，會發現履歷閱讀者的視線多落在左上方循序往下的中間線。甚至，許多人在拿回自己「被劃重點」的履歷後，都會出現這樣驚訝的聲音：怎麼這些重點跟我想要強調的都不一樣？譬如，本來活潑外向的求職者，結果在履歷中呈現出嚴肅的自己，這些反差大的情況常常發生。

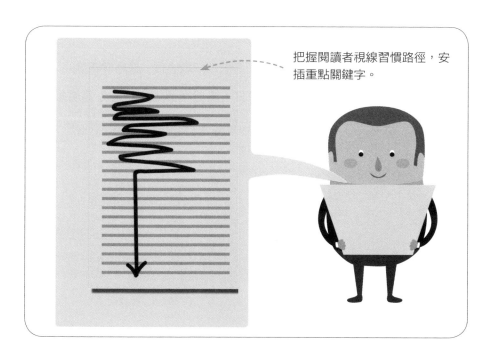

把握閱讀者視線習慣路徑，安插重點關鍵字。

好履歷的重點，絕對是他人能輕易閱讀且能看懂的。當你在完成一份履歷後，請務必再度檢查、評估。

★ **自己檢查**：有沒有任何錯字？句子或文法上不通順的地方？有沒有符合閱讀習慣路徑去安排想強調的重點？

★ **把自己當作ATS來檢查**：有沒有使用雇主語言（與職缺說明書相符的角色職稱、職責、職能、資格）優化關鍵字？

★ **他人檢查**：看完後能理解你可能是個什麼樣的人？什麼專業是你擅長的？對你會感到興趣嗎？

最重要的是，這份履歷到底能不能看出「持續成長」是相當關鍵的。

當你的履歷越能呈現你的真實樣貌，將能在篩選階段優先過濾掉許多「跟自己差異過大」的機會，將精力保留在真正的目標之中。

Step 6. 求職信（Cover Letter）的撰寫

認為寫求職信很麻煩，這樣的求職者心態也相當常見。但在站在雇主的履歷篩選階段，有不少把關者，是直接以求職信作為「篩選標準」。

試想看看，假設你是人資，要把那精心過濾過後的百分之五的履歷，送到用人主管面前，便可不只是單純一份履歷清單而已，必定會有輔助說明，譬如，多了對候選人的經驗描述：「我認為Cindy、Jack、Tomas特別突出，他們都具有數位行銷的工作經驗，對零售業的客戶喜好有一定認識。尤其是Jack，他在我們同業的ABC公司任職，我們可以優先請他來聊聊……」

而這位人資一定是仔細看過這些人的履歷了嗎？其實不然，他可能是直接看到了Jack強化動機的求職信，而以此作補充。但這對Jack來說，就是多了得到面試的機率。

求職信是一個讓雇主能更快過濾無效履歷的方法，並且能瞭解為什麼求職者認為自己是最佳人選，從求職者觀點出發，藉此區分出求職者的動機。特別在英語系國家的求職過程中，求職信是絕對缺一不可的必備文件。但不少人「認為很麻煩」，以至於衍生了一看就知道是從模板抄的求職信。有些模板甚至相當過時，在使用上也請務必小心，就如同我們先前分享現代履歷，建議讀者要有現代求職信的基本認識。

如何開始動手寫求職信？

Cover Letter Format
Name, Contact Info

Recipient's Name ●------------------

Recipient's Title
Name of Organization
Street Address
City, State, Zip

> 請記得要附上自己／對方名稱抬頭與聯繫方式。

> To whom it may concern 作為開頭已經是很過時的做法了，請使用 E-note 格式，保持簡單段落三～四段，不用多於一頁。

Dear Ms. or Mr. Last Name： ●-------

1. Opening Paragraph：簡短介紹自己給讀者，可以包括：
  ① 你為什麼知道這個職位？（顯現你對這家公司高度關注的興趣，或是不經意提到有朋友在裡面工作等）
  ② 有什麼獨特的職涯經驗？（除了履歷描述之外，有沒有什麼更生動的人生故事？）

2. Middle Paragraph(s)：第二段落，你可以選擇至少兩個具體事蹟，對於第一段落的「你為什麼適合該職缺」來強化說明。（履歷陳述是結果導向的，不妨在這補充你如何做？過程？自己的技巧？這樣的軟性描述來輔助）

3. Closing Paragraph：再次強調你的申請動機、對這個職位公司的興趣熱情、能夠做的貢獻。（不要重述履歷上寫過的，這樣可以更聚焦在你能如何幫助對方？）

Sincerely,
Your Name

① 短時間易讀性

這點和寫現代履歷心智是相同的，以三～四段的篇幅來述，特別是在「第一段」就應該直接點出你的強力重點（selling point），來吸引對方的閱讀欲望，譬如：

A. 獨特的職涯經驗：是什麼讓你更特別？

B. 為什麼你適合：至多三個的適合原因。好好運用我們先前在撰寫履歷的第一、二步，從成就清單抓取的成就、職能，配合與應徵職位的相關性，再搭上分析職缺說明書中的關鍵字，做重點式敘述。

C. 任何推薦人訊息：如果有朋友在該公司工作，如經對方同意，可以在信裡提到，成為內部推薦的一種方法。

② 聚焦價值

在中間段落，我們要強化說明方才的重點。這個段落中，許多求職者常會在撰寫時，犯了重述履歷現有的資格，或乾脆附上成就清單這類的錯誤。對於閱讀者來說，是相當浪費時間的。

A. 運用星星法則：銜接第一段落你所提到的重點，你可以具體化這些技能與經驗，讓用人主管有「你也能夠幫我這麼做」的感受。

B. 避免有氣無力：「我是一個努力工作的人」（I am a hard worker），這樣「無感」的陳述是相當常見的。與其單方面形容自己，不如換個方式說明：

「在市場低點時，我仍憑藉耐心與努力，給每天設下自我的業績目標做陌生開發，讓我連續兩季都達到業績超標百分之一百三十，平均單筆成交金額為四十萬，為全公司最高。」

③未來貢獻

過去你能做的，不一定代表你「未來能做」或「也想要做」。求職信常見的老派結尾，都是過度強調自己的欲望：「我非常喜歡貴公司，希望能加入到更大的平台學習成長，提升職場的競爭力。」這樣的描述。

請記得，對雇主來說，他們想要找到的是能幫助他們的人，而不是僅僅單純讓你來學習而已。因此，在求職信結尾時，強調能幫助用人主管「帶來什麼、貢獻什麼」是很重要的。

現代求職信已經不再像以前那樣強調傳統格式，反而是以E-note為主流。許多工作者會直接將求職動機寫在電子郵件中，發到招募人員與用人主管的信箱。因此，你可以直接將你的內容製作成一份Word檔案，在表頭加入你的名稱抬頭與聯繫方式，也有利於ATS的關鍵字抓取。

當完成了履歷與求職信後，主動求職者可以透過常見的人力銀行網站送出申請，常見的當地人力網站包括：104人力銀行（台灣）、前程無憂（中國）、Recruit（日本）、Monster（英語系國家）、Indeed（全球型）。

或者，直接進入到興趣公司的求職頁面（career site），針對目標職位投遞。但請務必記得，通過公司專屬求職網頁的申請，必定會面臨到ATS系統篩選，所以要在送出履歷前針對關鍵字優化。

4 —— 社群時代必備的數位履歷

你的價值＋你的聲音＝你的能見度。在求職者埋首於求職中的準備，卻常常忽略提升自己的能見度。除了透過傳統的招募管道，在網路社群時代，你需要同時具備數位履歷（digital resume）。

現在有越來越多的招募是透過社群網站進行，像是從領英、臉書上面曝光職缺。而領英與臉書略有不同，更著重於「職場人脈的建立與交流機會」。

領英的流行帶動了職場的透明度，許多求職者以此提高個人的能見度，吸引到了更多來自於獵頭、雇主的工作機會，甚至善用此管道，收集面試資料、與有興趣的雇主進行潛在聯繫（cold mail）。因此，保持一份動態的個人職業檔案在新興管道，能提升自己在就業市場上的「能見度」，得到更多早期效益。

但許多求職者在使用時，往往會陷入疑惑：「到底個人履歷與領英個人檔案，有什麼不同呢？」

　　我想，不論未來領英是否還是主流平台，若要善用職業社交網站，都請圍繞這個核心運用——從「留下網路足跡」出發：你想要吸引到什麼機會？你想要被什麼樣的人看到？你想要呈現什麼樣的形象？

　　你所留下的網路足跡，其實等同於「能搜尋得到你的關鍵字」，有位求職者就運用了這樣細心的思維成功轉型——

　　Simon是個品質管理工程師，工作之餘，自學iOS軟體開發，期待找到轉型成iOS工程師的機會。於是，他將自學的專案、研究心得，並選用工作經歷中與軟體開發相關性高的部分，安插特定關鍵字放在數位履歷上頭，展現他的積極度，並提升被第三方招募、潛在雇主搜尋到的機會，補足他欠缺在iOS開發領域上的人脈一環，最終在領英上與人資建立起連繫，成功得到iOS工程師職位。

　　因此，你也可以將先前我們悉心完成的履歷，依照著領英個人檔案（LinkedIn　Profile）的三大主題，圍繞在運用核心，找出最相關的內容填入。跟著以下範例，我們一起來看看，填寫時有哪些需要特別注意的地方。

從「留下網路足跡」出發：
你想要吸引到什麼機會？
你想要被什麼樣的人看到？
你想要呈現什麼樣的形象？

1. 個人頭條與簡介：

讓閱讀者能最快瞭解求職者的區塊，是個能強化「個人品牌印象」的好地方，類似撰寫履歷中的簡介（Summary），與期望目標（Objective）。

Lynn Lin · 1st

International Recruitment Consultant, Executive Headhunter, Career Strategist
PeopleLinkin - Your Taylor-made Recruitment Partner, Career Mentor. • National Chengchi …
Austin, Texas Area • 500+ 🔗

Message   More…

Hello, I am Lynn, a 360 recruitment consultant/headhunter based in APAC. I deeply believe in the power of content is to share transparent ideas, deliver meaningful interaction, and bring mindfulness everywhere — which i…

Experience

Recruitment Consultant, APAC
PeopleLinkin - Your Taylor-made Recruitment Partner, Career Mentor.
Jan 2014 – Present • 4 yrs
China, Taiwan, United States

2. 工作經歷：

不要只將你現有的「名片上職稱」抬頭放上去，這樣會太籠統，使得你的潛在客戶、招募人員無從找到你；甚至有些人的工作職稱是「掛 A 做 B」，那麼你更應該精確地描述。

As international recruitment consultant with PeopleLinkin to search candidate on a global Level, in-depth knowledge, and experience in a range of industries and disciplines especially Software and Semiconductor field.

I am responsible for developing and implementing recruitment strategies in partnership with business leaders, HR business partners, and the hiring community. Working across multiple locations my role is to identify and fill vacancies with talented individuals with the right capability and skills in a timely. Also, I specialize in career counseling working with candidates of Generation Y and Z, advising on what it should be noted in the highly diverse environment.

Education

National Chengchi University
Master's degree

Featured Skills & Endorsements

3. 專業技能：

從重要且擅長的技能依序排列。這樣的排序能讓你的技能在個人檔案畫面上有良好呈現，尤其選前三個重要、越能代表自己的擺前面。

Talent Developer · 1 ⊕   Kevin Zhuang has given an endorsement for this skill

Talent Management · 1 ⊕   Kevin Zhuang has given an endorsement for this skill

Headhunting · 3 ⊕   Jhen-Ruei Wan and 2 connections have given endorsements for this skill

See 28 more skills ⌄

Accomplishments

2 **Languages**
Chinese • English

✓ 個人頭條與簡介（Profile Headline & Summary）

在有限關係鏈的情況下（像是二度、三度以外），個人簡介的部分（LinkedIn Summary）是他人能最快瞭解你的方法，你可以把它想像成是撰寫一篇新聞，有著引人注目的個人頭條（LinkedIn Headline），激發讀者的好奇心，點閱文章繼續看下去你的故事（LinkedIn Summary）；因此這個區塊是在第一印象去強化「個人品牌」的好地方。

撰寫心態上則不需受限於以寫履歷個人簡介的方式，去撰寫領英簡介。你可以依照個性、想要呈現在職場的形象、傳達理念等方式，靈活運用這個欄位建立個人識別度的能力。

由於考量到讀者的閱讀注意力，Summary區塊請用三到五行的短段落區分，並有著明確的標題是最為理想的。

✓ 工作經歷（Work Experience）

主要呈現求職者現在與過去的任職經歷，按照於傳統排序型履歷（C型履歷）的格式編排，從最近時間的工作經驗以逆時間排序呈現。如果你是求職者，請務必完備至少近期三份工作經歷，加入具體或獨特的職位名稱。假設你只打行銷經理（Marketing Manager），而行銷領域這麼廣大，瀏覽者會疑惑你到底屬於哪個領域，是品牌行銷呢？還是產品行銷？請小心，並不是每個人都有耐性仔細閱讀工作內容推測的。

√ 專業技能（Professional Skill）

相信你一定有用網路來搜尋資料的經驗。請將Skill的輸入想像成，你在網路上搜尋時會鍵入的關鍵字，這會攸關潛在雇主、人資、獵頭怎麼找到你、你怎麼被分類。利用這些技能來為領英的履歷作最後總結，取出精華，提醒閱讀者該注意而未注意到的事。

甚至，你也能針對目前「現在有興趣的機會」，研究至少五份職缺說明書，擷取出關鍵字，把它列在上面技能欄位上，提升被搜索到的機率。

數位履歷不只提供了文字描述，甚至還能配合圖片、網站作品集一併呈現，這都幫助了求職者以「個人風格」來溝通，像是軟體工程師常用GitHub、Blogger，UI／UX Designer自架個人作品集的網站。但處在網路上的數位履歷，由於仍屬公眾平台，在選擇要公開的內容時，請記得不要讓機密性資料曝光，例如：客戶名單、機密專案，保持職場人的專業。

做足準備，你現在應該對於「得到面試機會」的現代履歷所應有的樣貌，比一般求職者有了更全方位的瞭解。保持這樣的好狀態！很快地，你就要進入到競爭更刺激的面試環節了！

看影片更清楚！ 掃描QR CODE
即可觀看影片

 **領英個人檔案與頭條的撰寫技巧**

 **如何善用領英工作經歷區塊**

 **不被忽略的完美結尾（技能與推薦）**

3

一開口就讓人對你印象深刻

當進入到面試關卡,與競爭者的標準分數差距是小的,要拉開差距就不能再只憑「專業技術能力」而已。在面試的真實互動中,求職者與面試官所產生的目標與文化共享、情感交換與人際溝通的流動,都是「拉開距離的關鍵」。

Match Point

★ 面試也需要「調頻」？！

★ 瞭解面試官的立場才能知己知彼。

★ 「要不要邀請你參加面試」V.S.「值不值得邀請你加入我們」的不同

★ 六大面試類型，都準備好了嗎？

★ 在面試的尾聲階段更要謹慎為上策！

★ 薪資，怎麼談？

1——拉開差距的第一步：調對面試頻率

　　往往當我們的角色是「求職者」時，通常會陷入「A才是能取得最終機會的人」的迷思之中，這也讓我們在編修履歷上盡可能地呈現A的特質，甚至進入面試環節後，也想要用A的形象來進行面試。但最終，你猜猜看結果如何？

　　有八成的機率最終在面試取得聘書的是「B」，尤其以主管職更是以B的勝出為常見，這是在我的職業生涯中時常看到的。

　　雖然使用A與B是較極端的案例，但許多能力突出的工作者在真實生活中，都曾糾結在：「為什麼B的能力明明不怎麼樣……但卻較受肯定。」這點上。

　　然而，我們都常會忘記，當進入到面試關卡，與競爭者的標準分數差距並不大。一旦大家都具備相同的專業技能，也經過層層篩選進入到專業分數差不多的階段。站在同一條起跑線上出發，想要拉開差距就不能再只憑「專業技術能力」而已。

在面試的真實互動中，求職者與面試官所產生的目標與文化共享、情感交換與人際溝通的流動，都是「拉開距離的關鍵」。而這些軟性元素都是由頻率一致、對的心態所展現的，因此，當你即將接受一個面試，請把自己的心態優先調整好，才能以對的頻率和對方和諧溝通。

因心態錯誤導致面試失敗的求職者，有著許多共同點，包括：

A. 對什麼都沒問題

在陪伴這麼多候選人準備面試的經驗中，通常最令我擔心的類型是，所謂「沒問題」的求職者。這樣的徵兆出現在各種年齡層身上，而且越有經驗的求職者，越容易踏入這樣的誤區。

像是這種求職者預先認為「我做過這些，所以很熟悉。」、「我什麼都可以做。」的心態，從很多面試官的事後評價中可以得知——沒問題就是很有問題。

而諷刺的是，這樣類型的求職者往往在面試結束後，都覺得能十拿九穩地拿下面試。請務必小心，當自知不夠，也會讓自己產生「沒有問題」的幻覺。

 如何解決 --------▶ 瞭解需求：面試前的研究。

B. 過分關注自己的事

你知道太忙碌也會在面試表現失誤嗎？太忙碌於思考自己夠不夠資格、該怎麼解釋中間休息的空窗期、這樣回答面試官會怎麼想我……

當你糾結於這些關於自己的事情時，卻忘了先站在「不同面試官的立場」思考，瞭解他們現在想要關注的事情來進行回答，浪費了寶貴的面試時間在無效的溝通上，而在事後懊惱：「我當初應該說……」

 如何解決 ┈┈┈┈▶ 換位思考：面試官的立場 P.89

C. 搞錯面試的功能

雖然對你來說都是「面試」，但不同階段的面試關卡，背後所設計的功能都是很不一樣的。譬如，你在「篩選面試」階段，滔滔不絕講著自己過去的豐功偉業，卻忘記篩選面試的功能，其實還在評估你履歷的真實性、現任工作狀況、能接受的合作模式。

請記得，即便你的過去成就能使你獲得讚賞，但當篩選面試都無法通過，是根本拿不到面試邀請的入場卷喔！

 如何解決 ┈┈┈┈▶ 切中要點：面試的功能 P.94

D. 被未知的焦慮情緒打敗

面對興趣度越高的機會，緊張程度也是相對更高的。但對於興趣度還好的機會，反而越能展現真實的自己取得面試。不知道你有沒有這樣折騰人的經驗呢？

面試是一連串考驗耐力的過程，不管是三個、五個、十個公司的機會。其實，面試類型都是大同小異的，只是透過雇主不同的人才需求，而展開變形的設計。因此，先掌握對面試類型的瞭解，就能將精力集中在雇主所期待的特質樣貌上，在每個關卡中做出個人變化，透過瞭解來取代陌生的緊張感。

❓ 如何解決 ┈┈┈▶ 應對變化：面試的類型 P.101

我們在上一章節強調，履歷的核心是「得到面試機會」。那麼，面試的核心則是「得到工作聘書（job offer）」，要怎麼增加得到聘書的機率，就是我們接下來要討論的了。

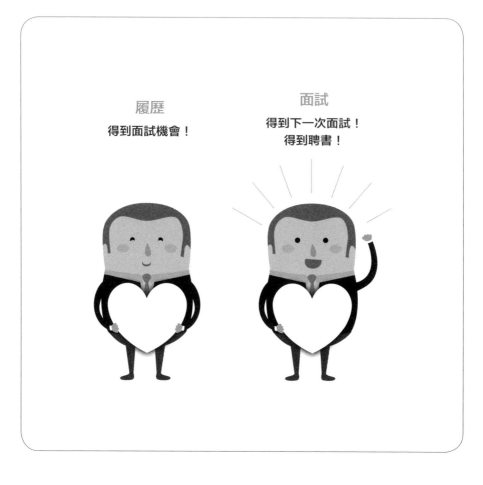

2——當個人見人愛的求職者：瞭解六種面試官的立場

總有些求職者特別容易合作，不管是獵頭、人資、用人主管都喜愛找他問情報，打聽：「Hey Johnny最近有沒有人可以推薦呀？」、「Johnny什麼時候要來我們公司上班？」

人與人相處像是一面鏡子，當你呈現出讓人感到合作愉快的氛圍，對方也會自然卸下心防，並且多給予回應。而這點套在面試上就很重要了，合作愉快的優先前提就是：能站在對方立場來談話。

當你進入到面試階段，可能會與多種不同角色屬性的面試官互動，包括第三方（外部）招募人員、公司內部招募或人資、用人主管、用人主管的老闆、未來的下屬、平行同事與團隊。

雖然他們的職業背景、觀點立場都不相同，卻有著共同的目標：藉由這次招募為公司找到「對的人」，達到商業上的成功，帶來內部正面影響，得到來自他們老闆的肯定與加分效果。

請先理解每個人在面試過程中想達到的目標，再切換到面對不同面試官的立場，思考如何應對與合作，就能開始幫助你建立起不同的專業印象。

A. 企業招募

企業招募是由組織所雇用的招募、人力資源人員擔任篩選角色。這類型招募人員的立場為：組織的守門員（gate keeper），期待求職者符合面試效益。

當企業招募在看待求職者，會藉由最一開始的職缺設計，來評斷求職者滿足了多少條件，滿足越多可能面試效益越高，並且思考：「這個人是否值得用人主管花費精力進行面試？」、「這個求職者是否符合公司招聘的預算？」、「我的年度招募達成率是多少？」等，這些都會被計算在他們的業績KPI當中。

因此，請先理解當你在面對守門員角色時，要如何換位展開對話，才是對他們有利的。而一旦當你通過了第一線的面試，也別忘了與你的人資聯繫人保持良好關係。畢竟他們對組織文化、用人主管的喜好之瞭解，都能夠幫助你設計提問和面試流程的跟進。

📇 可能職稱：Recruiter、Recruitment Specialist/Manager、
　　　　　　HR Specialist/Manager、Talent Acquisition

B. 第三方招募（Third-party Recruitment Company／Independent Recruiter）

第三方招募不直接隸屬於企業，通常是企業委託外部的專門機構進行招募，這些專門機構有不同的擅長領域，像是中高階獵頭、人力派遣公司，各自在不同的地區、產業別、職位別、職級別有獨特的人才庫。

第三方招聘的立場為：雇主的好夥伴，期待求職者是值得呈現的候選人。所謂值得呈現，你可以想像成是金鐘獎的入圍名單，外部招募人員會針對特定職位，進行初步面試篩選，確保你是潛力人才後才會發送「入圍名單」給雇主。由雇主再進行親自面試，決定是否任用求職者，決定得獎的是哪一位。

而求職者的品質就代表了他們站在招募專業的名譽，若你在與雇主面試中表現得很糟糕，這可是會攸關到雇主委託他們招募的意願，也就是案件量與收入減少。

若你有幸與第三方招募進行面試，請保持專業面試的心態來應對，不要認為這只是閒聊而已。若被告知獲得與雇主進行直接面試，也請在面試前多向你的招募顧問請教，瞭解工作實際職責、公司尋找的人才樣貌。

畢竟你的錄用，可是會攸關他們的業績目標與獎金收入，別因為過於不好意思而少了收集資訊的好機會。

🛈 可能職稱：Researcher、Consultant、Recruitment Consultant/
　　　　　　 Manager、Headhunter

C. 直接用人主管（Hiring Manager）

通常決定錄用的主要決定權，會落在求職者入職後的直接報告主管，也就是你在面試中會對應到的用人主管。用人主管的立場會希望：找個好幫手，期待雇用一個能使他的生活更加輕鬆的下屬。

這邊的「更加輕鬆」，不是指主管想要打混摸魚，而是能在他指定期限完成工作、工作品質效率高、易於團隊合作，為他的管理者身分能帶來加分效果，畢竟你是屬於他的領導KPI之一。

在面試中用人主管會思考：「我跟你能夠有良好的共事關係嗎？」、「如果我花費時間與資源訓練你，你會不會跑掉？」、「如果這個人進入到團隊中，會不會威脅到我的位置？」等。

換作站在求職者立場，如何在面試階段消除疑慮和不過分出風頭的拿捏，則需要一些思考的藝術了。

D. 用人主管的上司（Hiring manager's Supervisor）

當你通過了與用人主管的面試，可能還會面臨與「未來老闆的老闆」的面試關卡。

這樣關卡設計的目的來自於：再把關，避免直線主管用不客觀的方式招聘團隊成員，而忽略部門、組織目標，甚至達到防弊效果。

雖然，求職者不會有太多機會與他們直接接觸，但請記得，他們在最終的任用，往往有著絕對且決定性的投票卷。越高階、或越有影響力的職位，更容易面臨這樣的面試關卡，甚至不只是用人主管的老闆，而是與整個股東成員面談。

通常這樣類型的面試官，提問會著重在概略瞭解，像是傳統的面試題：你的職業經歷是什麼？熟悉什麼樣的市場／產品／競爭對手？等，並配合一

到二題從更高的「策略面」觀點以瞭解求職者。

換到你的立場，能不能串接起用人主管與他老闆所報告的「求職者印象」一致性（真實性），就很重要了，並且請針對大方向的策略議題有所準備。

E. 未來的下屬（Direct Reports）

如果你應徵職位是主管職，那你的面試官之一很有可能是：未來要帶領的下屬。通常面臨轉型的組織，特別會安排與未來下屬進行面試。站在下屬立場來說，會期望：未來主管不會危及自己現有的工作，並想在面試中確認雙方之間沒有明顯的衝突。

即便面對的面試官是下屬，在重視三百六十度評估的組織中，仍是很重要的聲音。先藉由瞭解下屬期望的領導風格，展現傾聽、建立信任感，並表現對原有團隊的尊重，這都可以幫助你在未來的面試中，找出管理風格的定位來調整面試的回答，同時也是很好的機會實際去瞭解下屬的樣貌，針對能力屬性，包裝到你的用人策略裡面。

F. 平行同事與團隊（Peer）

比起於事情的解決，人的問題反而是最難解決的，尤其在跨部門、領域的協作增加下，也間接影響了面試關卡越變越多的趨勢，而這些關卡通常都是由未來可能合作的部門、團隊成員來進行。

　　這樣類型的面試官會去評估求職者：你是否是個易於合作的對象？不斷地思考：「你能聽懂我想要達到的目標／做的事情嗎？」、「你能夠有效去傳達我的需求嗎？」、「你的加入對我能產生助益嗎？」等。因此，能夠優先瞭解不同部門立場、職位立場所攸關的利害關係，將能幫助你在回答上有所準備。

　　當你獲得面試邀約時，別忘了換位思考到面試官的立場，優先瞭解他們的期望目標，並且將想要發展的關係、所尋求的共同利益，放置到自然的對話之中，將會幫助你在面試過程中得到許多無形的幫助。

3—— 拉開差距第三步：面試功能大不同

　　我接觸過很多自認「沒有面試運」的求職者，他們擁有非常珍貴的特質與經驗，但卻沒辦法在與人資互動中作發揮，直接在第一關電話面試中就先被刷掉。

　　如果要避免這樣的情形，請先記得這兩點是很不一樣的：

要不要邀請你進一步面試？

值不值得邀請你加入我們？

對雇主來說，投入在工作者的資源訓練、能力培養，所花費的無形成本很大。為了找到值得投入的對象，因此產生了五花八門的面試型態來過濾人才。但這些多樣型態的背後，都圍繞著上述的這兩個不同的出發點，而有了面試階段的功能性差異。

站在求職者的立場，只要我們能先理解面對的類型，就能站在雇主立場看到他們的需求，知道當下該如何在有限的時間下做出反應。

先前提到「沒有面試運」求職者，往往會落入「面試都是一樣的」這般迷思中，無法敏捷地應對，因此喪失了機會。

A. 篩選面試（Screening Interview）：要不要邀請你進一步面試？

許多人對於篩選面試的觀念很薄弱，認為這只是一個人資的例行性訪問動作。若你沒辦法在簡短的五～十分鐘建立起價值印象，那你可能只會聽到：「謝謝你的時間，我會再與用人主管討論看看，後續再聯繫你。」然後，就再也沒有聯繫了。有時，甚至用人主管連你的名字都沒聽過。

● 篩選面試的核心：能找到邀請求職者進入實際面試的理由

篩選面試通常會採電話、視訊面試。面對的面試官對象會以企業招募、第三方招募居多，越是能引起他們興趣的求職者，通話時間會拉得越長，有可能到三十分鐘左右。

在篩選面試中，他們會查核求職者與履歷所呈現之形象是否符合、能不

能配合職位期待的工作模式，並且配合傳統的單項式問題進行互動，常見的
包括：

1. 為什麼想換工作？
2. 為什麼想轉換產業？
3. 你現在的角色與工作內容是什麼？
4. 你為什麼曾經休息了一段時間？
5. 你為什麼近年來轉換過許多工作？
6. 你為什麼對我們公司感興趣？
7. 你知道我們公司的產品與服務嗎？
8. 你現在的薪資多少？期待薪水又是多少？
9. 你最快什麼時候可以上班？
10. 你可以做地點移動（relocate）嗎？你可以接受高頻率的出差嗎？

在這個關卡上，溝通談吐能力佳的求職者越能勝出，包括你能不能「簡明扼要」地回答以上的問題。像是，問題10如此的基礎題，求職者在決定應徵時，若已經知道該職位需要做地點移動，卻在篩選面試中丟出「想要而不知要不要的」的回答，例如：「這個可能需要和家人討論……」這對招募人員來說，對於滿足進一步的面試條件，你的回應是不足的。有時，在有時效

性的招募壓力下，自然就會直接略過，尋找下一位更適合的候選人。

而如果面試官在篩選面試中，給予了你提問的機會，也請務必避免容易導致對方誤認你真正動機的問題，像是：「這位置薪水多少？」、「多久可以升遷？」、「休假怎麼計算？」、「這位置要加班嗎？」等等。

這就好比參加一場相親，當對象一直問你賺多少錢、有沒有房，不免會產生懷疑：「他真的是喜歡我這個人嗎？」同理，這樣的問題在「快速篩選」的氣氛下，是很不利的。

也許你會困惑：「這類型的問題也很重要呀！」那我們可以再思考看看，就算此時能得到回答，就一定是正確的嗎？

你所面對的面試官，可能是沒有決定任用權的。加入公司後，實際的合作狀況，還是得與實際面試中的用人主管達成共識的喔！

B. 實際面談（In-person Interview／On-site Interview）：值不值得邀請你加入我們？

當實際面試邀約來得出奇不意時，你可能會有點興奮地想著：「沒想到他們對我有興趣……」這的確是一個很好的徵兆。這份邀請代表著透過你恰當的回應、某部分的經驗、能力或特質引起了雇主的注意。請優先給自己一些鼓勵，增加信心，因為面試的耐力戰就要正式展開了。

● **實際面試的核心：能深刻感受到求職者的獨特價值**

　　實際面談的關卡有許多不同種類，像是：小組面試、個案面試……而面試官加入的種類也變得更為多元，甚至有些是組織。但不管面對什麼類型的實際面試，以下有幾件事你一定要再做得比別人更深入，才能夠幫助到自己。

● **綜觀瞭解：全面進行資訊收集**

　　幫助候選人準備面試時，我很看重「資訊收集」，以協助我的求職者建立起對於雇主、面試官的「熟悉感」。這樣的熟悉感，能幫助我們在實際面試中，展現出我們一再強調的「對的頻率」。

　　你或許聽過，「若你有認識的朋友在目標公司工作，對你來說是加分的」這樣的說法。先撇開這位朋友願不願意幫你做內部推薦，但若能與這位朋友交談，得到目標應徵公司的「第一手資訊」，這也屬於熟悉感的一種，幫助你在面試中對雇主營造出「我真的懂你」這樣正面的氛圍。

　　你可以透過各種網路管道、人脈打聽來收集資訊，收集範圍可以包括：

1. 產業面

　　近兩年產業變化與趨勢為何？

　　周邊帶動的相關產業變化如何？

2. 組織面

主要銷售的產品／提供的服務為何？

公司成立多久？成立背景為何？

公司文化是什麼樣的？

直接競爭對手／主要供應商／主要客戶為何？

3. 組成面

公司的C-Level有哪些人？

該公司的線上同事多是什麼背景？

與你應徵職位相同的人有哪些？有沒有共通點？

4. 趨勢面

目標公司最近兩年的重大改變或其他大事件？

現有的可能挑戰和面對的棘手問題為何？

● 微觀深入：瞭解職位背後的需求

每一個職缺的釋出，背後都代表了組織目前有「特定問題」需要解決。因此，完成了資訊收集後，請保持獨立思考，不要單就「二手資訊」便想在面試中致勝。你應該要從這些大量訊息中來思考：所應徵的角色背後是想要解決什麼問題？可能是公司成長遇到瓶頸、提升銷售市場份額、維持穩定營

運等。再拉到更高的視野，在實際面試中與面試官互動以驗證資訊。

有品質的提問絕對加分，若你能在面試官回應之後，成功傳達「我能夠解決這項問題」的價值，便能夠大大提升信賴感，增加被邀請到下一關面試的機率。

● **用一樣的語言溝通：雇主語言、行業語言**

若是跨領域求職，讓人感受到你真正想轉換的熱情就很重要了。有些求職者轉換跑道時，還用著習慣原有的行業語言、觀點，在面試中溝通，這反而會讓面試官懷疑：「你，真的準備好換跑道了嗎？」

熱情在小地方就可以感受得到，像是談吐的用字，每個產業都會有自己人熟悉的行話，甚至不同公司會有習慣的表達方式。好比說，pipeline是水管的意思，但在軟體產業的業務角色中，則代表了手中可轉變成訂單的潛在客戶數。同樣的字眼轉換到硬體產業，意思卻又大大不同了。

我會建議在進入實際面試前，研究看看雇主／行業的習慣用字，並將之放到你的面試回答中，不失為一個好的語句陳述方法。

雇主與求職者的立場絕對不是一高一低的，抱持平行立場對話，才能幫助自己針對機會客觀評價。而在實際面試中，你也很有可能遇到「缺乏面談技巧」的面試官，但也請先理解，不是每個面試官都受過相關的專業訓練。因此，**不要單向式等待面試官做球給你發問，而是要能在每個回答中，設計**

出第一步、第二步、第三步，直到能引導到講出自己優勢與成就的機會。

4 ——— 面談常見的六大類型：理解將面對的類型狀況 做好準備

1. 電話面試

　　回顧我的案件經驗中，有個很有趣的發現：越充滿自信的求職者，卻越容易敗在電話面試關卡中。太多血淋淋的慘案，讓我常常耳提面命（囉哩囉嗦）的其中一句話就是：「千萬不要以為電話面試很簡單。而且電話面試的難度，有時比直接面試還來得高。」

　　這是為什麼呢？

> **臉部表情**：看不到對方的表情，很難猜測其想法。
>
> **談話時間**：模糊的談話時間，無法掌握回答的細緻程度。
>
> **文字描述力**：只有聲音的環境下，聽者對敘述的邏輯容易會有嚴謹的判斷。
>
> **外部環境**：無法掌握的訊息干擾、環境舒適度等干擾。

一般對於電話面試的準備，網路上有非常多資訊。

在此分享我個人建議的小技巧，而這也是我會寄給候選人的準備內容：

面試前準備（Before the Interview）

再次確認資訊

務必再次確認時間與「時區」；面試型態為純粹面談或技術型面試；以及，「可能的」面試時間長度，大概去推測你回答的深度要到哪裡較好。

仔細研讀履歷

尤其把最主要的個人成就，運用STAR輔助再次歸納；如果是技術面試，建議把思考架構，重新梳理一遍化為圖像在空白紙上，面試進行時便能輔助回答脈絡。請避免使用過大的紙張，避免視線搜尋費時，建議使用B5大小，來濃縮自己的思考範圍。而技術面試型的求職者也能輕易將紙張放置在鍵盤區域，有利閱讀。

重點式標列

一樣可以利用B5大小的紙，上面包括了：歸納出的個人成就、分析JD（從工作說明書提取關鍵字）、提問的問題。

注意！精簡寫出關鍵字方便自己聯想即可，如果寫了一大堆字，則不利集中注意力，要是讓人聽到你在翻頁的聲音，那就糗囉！

面試官線索

現在谷歌、領英都很透明,先上網查查看面試者的資訊:有沒有共同產業背景,像是學校、社團、居住地、曾服務公司等,可以「不小心」提出來,引導出一些共同話題,加深印象。但務必注意不要一直提,頻率太高可能會令人心煩。

★ **適度打扮**:服裝儀容會影響對面試的審慎度、自信度,雖是電話面試還是建議仍要作些打扮。

★ **舒適環境**:找個隱私的環境,記得先測試電話訊號品質。不建議咖啡廳,被人聽到總是怪怪的,沒辦法暢所欲言。

面試進行(During the Interview)

桌面擺設

把準備好的幾張B5大小的紙,平放在習慣閱讀的側邊,也記得倒杯水給自己。

肢體語言

不必拘泥坐在位置上,適度站起來,能夠在陳述時增強自信。或者,運用手勢,像是真的進行一場談話,而不讓面試流於單純的你問我答。

聲音語調

盡量避免平鋪直敘的語調，能讓自己「活」在對方的腦海中很重要的。

形象表達

對於這次的職缺需求，結合自己的個性，歸納出「三個」特質，像是，分析能力強、行銷能力佳、靈活創意、嚴謹審慎等都行。這主要是幫助自己，在被問題混淆時，能快速站穩自己立場陳述，避免講話不自信或聽起來顛三倒四。

語助詞

切記，通常我們在思考時容易發出「嗯……」、「喔……」等這種語助詞。但這在電話面談上，會容易讓人感到沒主見、沒自信，即便你答得再好，這種既定印象是很難打破的。

爭取時間

面試時，難免會遇到出乎意料、沒有思考過的問題。如果真的一時腦袋空白，不要緊張，這時你可以藉由客氣地「重複問題」──「請問你的意思是指XXX……對嗎？」拋出像這樣的問題，然後於同時間迅速思考，幫自己爭取些微時間。等對方重新解釋完時，你就能縮小範圍去回答。但注意，這個小技巧不要用超過兩次。

面試結束（After the Interview）

感謝訊息

　　有的人會覺得，感謝信是直接面試（in-person interview）後才需要發送的。但我認為，還是可以發個簡短的訊息給電話面試的主管，謝謝對方的時間與幫忙。你可以在電話結束時，禮貌詢問對方電子郵件，保持聯繫。或者，沒有聯繫方式也沒關係，寄給HR或幫助你安排面試的人，請他幫個小忙。

　　至於……

要不要隨時動筆寫下訊息

　　有些文章會建議你在電話面試旁能有支筆，以便隨時寫下問題。但我個人認為並非必要。這是因為，在一旁寫字會干擾專注度，認真聆聽對方「問題背後的問題」才重要。

需不需以筆電輔助

　　有些人習慣查詢不懂的地方，但這要衡量自己在同一時間的「多重任務的處理能力」。否則，沒有仔細聽出對方的問題，反而讓自己手忙腳亂。

　　而如果是面對技術面試，仍然可以將筆電擺放在旁邊，以防萬一。同時能夠先開好幾個分頁，預先搜尋好某塊環節較不熟悉的部分。

也許有些人會想，若是電話面試對方也不一定這麼慎重。的確，但既然決定要「接受面試邀約」，那就寧願多準備，也不要少準備。常見的狀況是，許多人都是在電話面試後，才開始對職缺感到興趣。但偏偏沒有預先準備，反而丟了自己本來能有的選擇主控權，不免有些可惜呢！

2. 數位面試（Skype Interview）

越年輕的求職者在面對跨國招募的機會是越大的，也就是說，在面試環節中，有高過五成的機率，你必然會經歷數位面試（或是使用Google Hangouts、 GoToMeeting等工具）。

而站在雇主立場而言，使用數位工具的面談方式於初期篩選可以更有效率，又或者在中後期決定人選時，讓更多相關成員也能與求職者接觸，做不同聲音評估。

但對有些求職者來說，這樣的面試型態仍是很陌生的，甚至多用準備「一般面試」的方式來準備數位面試。因此，我常在候選人、雇主的面試後訪談中，聽到以下的說法——

「對方的背景感覺就像是在家裡沙發，一點都不正式，懷疑他真的有心要招募人嗎？」

「剛剛試圖提醒面試者聽不清楚他的聲音，但他太專注於講自己的事情

了，連眼神接觸都難，他平時的人際互動也是這樣嗎？」

「我只看到了對方露出了一顆頭，而且嚴重反光，讓我覺得沒辦法好好跟他有更深入的談話。」

許多螢幕上視覺、聽覺因素都會影響雙方主觀判斷與談話氣氛。

其實，Skype面試有些像是「上電視」的感覺，因此在掌握技巧跟心智上仍有需要留意的地方。

同上述分享的、最容易被輕忽的電話面試，在此也針對數位面試做了細節整理，期望能讓你有自己的Check List做小提醒。

數位面試前準備（Before the Interview）：測試再測試

使用者帳號名稱

我遇過許多面試者沒有Skype帳號，請務必先建立一個，並且使用正式的名稱，建議會是自己的名字。這種小細節就如同電子郵件註冊的帳號名稱，面試者可是會從小細節去推敲一個人的。

另外，也請注意，你加入的面試者帳號是否正確，可以在面試前半小時發送訊息給對方確認。雖然聽起來是小動作，但出錯率真的頗高。

創造數位面試環境

預先設計適當的環境很重要，包含背景整潔、柔和燈光、鏡頭水平與一張不會亂轉動的椅子。除此之外，我們還可以更細心地考量其他元素，譬

如：牆壁背景顏色保持簡單的中性色、房間燈光的亮度與柔和度；可以測試看看實際電腦畫面呈現的你，房間內燈光與螢幕亮度是否足夠。若不足夠，可以試著擺放檯燈輔助。

記住，這像是「上電視需要簡單的背景與打光」，間接會影響數位面試中的印象與氛圍。

鏡頭角度

請試著把鏡頭擺放到一個是可以「顯示眼睛直視水平」的角度，不要過高或過低，因為這樣的視角水平會在畫面呈現你是往上看或往下看，而這都不是該有的呈現，會造成他人誤會你沒自信、不專注、眼神飄移，無法有明確的眼神接觸。還有，請不要只有「大頭」呈現在畫面上。

理想人像的呈現會是上半身到胸腔位置。可以想像一下，新聞台主播的畫面，這樣人像的延伸感在螢幕上會較有專業度。

- 注意眼睛視線要看鏡頭，保持直視水平。

- 適度露出上半身到胸腔位置、保持燈光明亮的環境，有助於建立專業形象。

善用筆記

之前我們在電話面試中建議了使用B5大小的紙張方便記憶，在這邊你依然可以使用。另外，我會建議你也可以在自己面前、電腦後頭準備一個白板，在上面寫上關鍵字，或者利用小張便條紙黏貼在螢幕周邊，幫助自己抓取重要記憶，加入到回答中。注意：白板與便條紙擺放位置務必是「不會讓眼神過度飄移」的角度。

數位面試進行（During the Interview）：請一同引導面試過程

第一印象就在前五秒

我看過許多面試者在鏡頭一打開的前五秒，都是在左顧右看、情緒緊張、深怕鏡頭角度不對、怕對方看不到自己。但請注意，這樣的行為是很危險的。通常，鏡頭一打開，面試官與面試者的眼神接觸，是彼此關係（digital chemistry）建立的關鍵。

當正面感覺確立後，面試官將會更有興趣聆聽你接下來說的話，並且期待你如何支撐這個印象以印證他的想法，所以請在鏡頭打開「前」就深呼吸坐定好，確立前五秒印象。

創造數位握手

通常我們在實體面試，見到對方也許會握手寒暄，主要是藉由簡單的肢體交流先建立起連結，這個概念也是需要延用到數位面試裡的，在國外會稱

為「數位握手」（digital handshake）。

那怎麼做呢？你可以想像是日本人慣用點頭打招呼的方式，在鏡頭打開後，眼神堅定看著「鏡頭」，然後點頭微笑（注意：點頭角度不用過大，約十五度），傳達出：「我準備好了、我很期待這次對談」的正面訊息。

有許多有經驗的面試官會先建立這樣的氣氛，但不是每個人都善於面試人的技巧，因此你也可以主動建立、引導接下來的談話氛圍。

看鏡頭而非螢幕

這個細節常常被忽略，有時在面試時，我們會因在意而特別去解讀面試官的表情，進而盯著螢幕來對談，但這樣在對方的螢幕上，會呈現出難以與你進行「眼神交流」的感覺。因此，我們可以保持一個習慣是——在開始敘述想法時，「保持前三句話」看著鏡頭，加強對方對你講話的自信心、與建立起對話的連結。

肢體語言也很重要

數位面試比電話面試來得好些，是因為它夾帶了影像的呈現，讓你的聲音有「畫面」輔助。但請注意，談話時，別忘了加入「輕度動作」。我曾聽到許多用人主管在面試完和我說：「我不確定剛剛影像有沒有停格，因為面試者看起來沒有在動。」

若面試官有這樣的疑慮，對面試者是很不利的。因為，這會影響他傾聽

的專注度，所以請善用畫面優勢，可以透過點頭、手勢把注意力引導至畫面裡。這個道理在實體面試也適用，甚至於電話面試時，也能輔助你講話的語氣更為堅定。

不要怕尷尬

許多人對於Skype面試中，更害怕所謂的「空白時間」，因而還沒思考周全，就先開始說話了，但這反而會幫倒忙。其實，在面試中，若被問到無法馬上回答的問題，可以先禮貌性地詢問對方：「能否給我幾秒鐘想一下這個問題？」然後，盡快把腦中拼圖湊起來，接著再說：「關於這個問題，我是這樣想的⋯⋯」停頓一下是沒有關係的，有品質的回答絕對勝過為了填補空白時間的回答。

掌握突發狀況

有時候即使預先準備好，但網路、軟體還是可能在面試過程中「搞亂」。假如你在面試中發現訊號開始「怪怪」的，千萬別緊張也用不著害怕。掌控面試出現異常狀況也是我們必須去做的，你可以先停下回答，主動禮貌性地詢問面試官：現在是否能看到你的畫面、清晰聽到聲音？並且告訴對方，你這邊出現技術上的問題，是否能重新連結、開機。這種突發的技術問題，對方是可以理解的。但務必記住──不要慌亂！

面試結束（After the Interview）：仍不忘記面試禮儀

當Skype面試結束後，你可以發簡單一句的道謝，但不要透過Skype對談去進行follow-up，還是保持一般面試完，寄送follow-up的感謝信函給用人主管。

Skype這種數位面試絕對屬於正式面試的一環，請保持直接面試的態度來應對，也請將Skype面試視為「正式面試」，只是你的「實體」以不同方式出現罷了。

3.傳統一對一面試（Traditional Interview）

傳統面試通常指的是一對一的面試型態。傳統面試中的面試官，會優先安排求職者未來的直屬主管做面談，以實際瞭解求職者的技能、資格、經驗、人格特質是否與直屬主管或所帶領團隊間，能夠有良好的默契配合。

在面試特徵上，你會被問到許多基於你的履歷延伸出來的問題，包括自我介紹、經驗簡介、擅長與不擅長等。

尤其，在許多跨國面試中，由於跨文化的差異，許多面試官也會傾向先採用較為保守的問題，來試探求職者。

回顧我與求職者合作的過程中，在進入面試前，往往會花許多時間在校正他們的個人定位、風格呈現，不外乎是希望能優先建立起良好的第一印象。

若想要在傳統面試中贏得親睞，一定要保持自信與熱情，這會讓許多千篇一律的回答開始變得生動，再配合上預先準備的回答，就可幫助自己樹立獨特的印象。

另外，聽得懂問題背後的問題，才能夠切中重點進行回答。

Q：能和我說說你自己嗎？

🦻 聽出意思：你是否適合現有機會呢？

介紹自己，是雙方之間很好的破冰題。這種自我介紹的陳述，架構邏輯、聲音語調，絕對都會影響到接下來面試官對你的評價，因此是種第一印象的搭建。

然而，許多人會誤以為，這樣的問題是回答：成長背景、求學歷程、每段工作經驗。

那我們來思考一下，如果你選擇這樣回答，其實就跟面試官手上的那份履歷「一模一樣」了。可我們要做的並非重述，而是幫對方畫出自己的「重點」。

★自我介紹的答題核心：

- 「重點式」簡述過去經驗：我是誰？我歷經的職業角色？
- 你的經驗在過去如何幫助公司：我特別擅長什麼？
- 強調與雇主「直接有關」的硬能力與成就：我的價值是什麼？我的價值能為雇主帶來什麼幫助？

好的自我介紹通常不超過三分鐘，在面試前，我們可以透過重新檢視該職位說明書，找出直接有關的需求關鍵與經驗需求，強化第一印象。

- **剛畢業的學生：** 請抓出任何與面試職位相關的實習生經驗、個人興趣、在校時作的專案經驗來當作故事重點。
- **面臨領域轉換的求職者：** 別忘了強調你的熱忱，但只有熱忱是不夠的，還需要抓取你的「可遷移能力」、「核心能力」作為重點。
- **面對管理職的職位：** 請抓出任何你過去如何激勵團隊、帶領團隊的經驗、成功達到了什麼目標，以這種實際的事實經驗來當作故事重點。

Q：你為什麼（想）離開現在的公司？

🦻 **聽出意思：選擇離開是否有你個人無法克服的原因？**

尷尬——是許多求職者面對這問題的第一反應，也因為這樣的感受，那些熟悉的官方回應不外乎像是：「我想要尋求更多的挑戰。」、「我想要尋

求管理職位。」、「我想要更大的成長空間。」

不過，這樣的回答往往有失真實，甚至會令面試官懷疑起求職者離開的動機，譬如：「你是不是進入到我們公司後，也會因為其他好處又跳動了呢？」反而導致更多更具挑戰性的問題衍生出來。

不論你是因為組織重整、人員縮編、隨另一半調動或者其他個人因素，其實這都可以是被接受的；重點在於你如何解讀這些事情。

以開放的心態取代尷尬的感受，用能讓他人理解的方式解釋，看待自己的選擇才重要。培養人才是最難的事情，雇主不會希望雇用到無意識跳動的非理性求職者。

★離職原因的答題核心：

- 選擇往「上」跳比往外跳的心態更好：正面陳述你的動機，並表露感謝先前的歷練。
- 不要一味地只講「我」。客觀陳述背景原因，避免出現情緒化的形容。

如果你是因為在現在公司中看不到挑戰，進而選擇離開，與其只回答：「想要尋求更多的挑戰。」不如將回答包裝地更具條理，例如：

「過去這三年在A公司的期間，我學到了時程掌控、客戶溝通、預算編製……（JD中出現的字眼），這幫助我在專案管理的能力上更深入琢磨，我一直很感激A公司給予的信任。但現階段受限於組織環境狀況，我更希望能深入XXX領域，將我的專案管理技能再提升，並且擴充對產業鏈的認識，這是為什麼我在評估後，認為應該往外尋求新挑戰的原因。」

Q：你喜歡在什麼環境下的公司工作 ？

🦻 聽出意思：我們之間是Good Fit嗎？我們公司的氛圍能幫助你，享受這環境並且提升生產力嗎？

喜歡的環境絕對不是指有免費點心食用、琳瑯滿目的飲料Bar、開放性空間或具設計感的摩登裝潢。

請先理解，這些都是指辦公室硬體環境，而非「公司文化氛圍」。現在，有越來越多用人主管在意求職者能否融入團隊氛圍中。畢竟有太多壞經驗，造成生產力下降、公司名譽低落，都是因為文化衝突引起，而這也難以用幾個月來修補痛處。因此，如果運用錯誤的心智，看待這樣的問題，會讓你呈現膚淺的回答，喪失可信賴的專業感，也代表自己從未認真思考過，什麼是適合自己的機會喔！

★ 環境的答題核心：

- 能夠享受這環境，並且提升個人生產力，甚至團隊生產力：重新回想在瀏覽雇主網站時，你覺得能給你發展的是什麼項目？感受是什麼？

- 關於公司環境的類型，可以從以下幾點思考何者適合自己：
    1. 公司大小：大型公司、中型公司、小型公司、微型公司、新創公司？
    2. 公司結構：結構分明（層級化）、結構模糊（扁平化）？
    3. 角色核心：創造持續性價值的開創型、針對流程改善的最佳化型、變革實驗的解決型、立即創造的收益型、維持平穩發展的輔助型？
    4. 同事分工：團隊合作、獨立作業？

Q：你期待多少薪水？

🦻 聽出意思：你值得這樣的薪水嗎？

我發現，台灣求職者對於薪資談判的概念是相較薄弱。多數人認為，薪資談判應該是要被動式地等待雇主提出數字，最後給出「要」或「不要」，以此評估要不要接受機會，但這樣的做法卻是把自己放入到無法談判的空間，並且有可能錯失能真正讓我們發揮的機會。

我的結案經驗裡，有幾個有趣的案例，是A求職者與B公司在先前面試中的薪資無法取得共識，但透過獵頭卻能爭取到想要的數字，最後進入到想要

的公司當中。這中間的差異是從哪裡來的呢？

★薪資的答題核心：

- 工作談判優先大於薪資談判：當你是「獨具價值的人才」，而不是「平均水準的候選人」（average candidate），那薪水絕對是「談」出來的。
- 尊重不同組織的薪資設計：先理解你面試的公司大小，再思考自己可以有什麼樣的彈性做爭取。

　　若工作者擁有「可預測的」潛力與「可見的」獨特經驗與職能，通常雇主也願意花更多的力氣來額外爭取。

　　我觀察過許多在薪資談判中特別突出的候選人，甚至比獵頭的談判力道更高。這主要是因為，他們能評估現有能力與潛力發揮的空間程度，先確立在工作範圍的談判上，若發揮空間大，則代表自己談判的優勢拉高。這時，會切換到雇主立場，先去理解薪資結構的設計以設定薪資期望值。當雇主無法滿足期望值的條件，那就聚焦在爭取非傳統的補償（non-traditional compensation），像是認股、工作模式、合約外的業績獎金等，這些補償的轉換甚至可以高過一般薪資。

許多求職者會在面試中急著先確立薪資期望，但只談錢會讓你損失累積籌碼的機會。與其費心思考哪裡有薪水高的工作，倒不如先聚焦於如何培養自己成為具高薪資談判力的工作者，如此一來處處都有可能是機會了。

Q：你對三年～五年後的職涯目標規劃如何？

👂 聽出意思：你有認真思考過自己的職涯嗎？我們的期望是否有共同點？

選擇「安於同一家公司慢慢晉升」的想法已經不是主流，反而是「在我的目標道路上，誰能成為我的夥伴」才是現代職場所強調的。

而這夥伴的其中之一，可能會是你所選擇的公司，你付出自己的職能與經驗，找到通道展現。反之，公司釋出時間與資源，培養人力資本。

因此，這個問題背後其實是——探討夥伴間彼此的階段性目標是否相容。當被問到這樣的問題，也請不要覺得意外，認為這是什麼過時的想法。尤其，請千萬避免說：「沒想過」、「不知道」。

三年後的未知數很多，那到底該怎麼回答呢？這確實令人有點困惑。但我們還是要重回眼前面試的核心：得到下一次面試的機會，針對應徵目標思考以下這兩點，找出交集來回答職涯規劃：

我現在所欠缺並想要再精進的地方是？
雇主期望這個職位現在要做的事是？期待未來做的事則是？

即使你不太清楚未來會發生什麼變化，但至少現階段，你能看到這個經驗有延續性，或者能習得管理、溝通技能等這樣新的可能性，給予真實且開放的回答。

也許你會在思考過程中發現，對方想要的人才方向是模糊的，甚至與自己想要的路徑有所衝突，那麼，以請更理性地評估這個機會，確認雇主的真實態度。

4. 小組面試（Panel Interview）

在我協助求職者安排面試時，一定會先做好面試型態的把關。因為，這收關了事前準備範圍的廣度、能夠具備的心理狀態。

若你是自己接到了人資打來的面試邀約，也請記得多問一個問題：「請問這次面試是什麼型態呢？」

往往越讓求職者不舒服的面試型態，對組織來說卻是越有效率的，而小組面試就是其中之一。

小組面試也就是一位求職者與多位面試官同時在房間內進行面談，每個面試官都會輪流詢問不同的問題。比起典型的一對一面談，面試者對於這樣的進行方式壓力會更大，也更難以掌控。

從雇主角度設計的小組面試，不外乎是想要瞭解：

- **實際觀察求職者如何與不同背景的面試官互動。尤其當應徵職位越資深，或越需要與多位主管報告，更能夠預測跨功能別領域溝通的能力。**
- **藉由不同面試官的評價，能夠更客觀地綜合評估求職者的專長、特質與強弱勢。**

反觀小組面試對求職者也是有好處的，在面試中你可以觀察每個面試官的風格，甚至可以觀察出彼此立場在同一觀點上是有共識或差異，更能實際體會應聘職位未來實際應對的樣貌。

所以，當你的人資聯繫人提及下一關將安排小組面談，請再多深入詢問：「請問這次的面試是由哪些人所組成呢？」

藉由詢問這兩個問題，就能夠比別人更有針對性地來準備面試了。

小組面試前的準備：知彼知己

收集面試官的背景資料

若你已從人資聯繫人知道本次面試小組的組成，請先在網路搜尋面試官

的名字。尤其領英是一個很好的管道,它能讓你盡可能瞭解每個面試官的現行職稱、過去工作背景、最近的成就、特色風格。這有助於前置準備,並在面試中提出與他們角色相關的問題。

擬定建立良好關係的策略

　　先前提到小組面試的設計,必定有組織想觀察面試者的原因。那麼,來思考看看,從你所應聘的角色,為什麼安排了這些面試官呢?將視角切換到不同面試官身上,來看待自己未來將擔任的職位,你會期待看到什麼特質、經驗解決所有功能領域共同的問題?

小組面試的進行:焦點絕對是全部人

　　許多求職者在小組面試失敗,往往是由於只關注在與某一～二位面試官互動,無法取得良好的全面評價。因此,一定要記得與「整個小組」進行接觸,而非特定的面試官。

進入房間時

　　請與房間內的每一個人進行眼神接觸,並且大方地向大家問好,然後等待被邀請坐下。而坐下時,記得提醒自己不要慌張,背脊打直坐著,上身稍微向前傾斜在椅子上,呈現出良好的聆聽姿勢,並在不同面試官的互動中嘗試、調整交流的語調和風格,找出最適切該小組的個人形象定位。

當聽到特定面試官在提出問題，請保持與該詢問者的眼神接觸；進行回答時，眼神請在不同的面試官身上流動，這將有助於你投射出自信的形象，並引導出他人對於你回答的好奇心與注意力，有助於正面提升面試氣氛。

提醒自己回答的完整性

有些公司的小組面試中，不同的面試官有時是分享共同一份的標準問題清單，而非採個別發問評價候選人。因此，要讓你的答案能夠與不同的組織角色產生關聯，將自己的功能擴充到不同群體中。

藉由觀察來訂定提問方向

藉由與不同面試官的一來一往之間，你大概可以感受到某些面試官對於你的特定回答是有著高度興趣，像是點頭的行為、積極的眼神關注、主動提問、讚賞表達都表現了他們個人的興趣（或是直接攸關他們在組織中的利益關係）。那麼，你可以藉由那些被高度關注的回答，衍伸出提問。

而另一個方法則是採「反向」出發。在面試過程中，你一定也可能是感受到被質疑的，因此你可以謙遜地點出疑慮，並試著先傾聽瞭解立場，提出你的看法或引起面試官的討論。

若是你能讓對方的疑慮程度下降，便可提升他人對自己的信賴，這也不失為成功的發問方法。

或是扮「黑臉」或「白臉」，
進行壓力測試。

有時面試官為「觀察者」，
只會客觀評估面試者的反
應思路，不作任何發問。

務必保持眼神交流

小組面試結束

面試結束時，除了感謝每個面試官的指教與時間外，若有交換到名片可在當天或隔天發送多封感謝郵件。或是，寫一封針對小組面試的感謝信，發送給人資聯繫人請他轉寄。

5. 行為面試（Behavioral Interview）

許多知名外商（如：蘋果、谷歌）、科技新創或是顧問公司，都特別偏愛採用行為面試。但這樣的面試設計對於大部分的求職者，尤其是亞洲國家求職者來說，相較陌生。

回顧我的職業經驗，在陪伴候選人準備這樣類型的面試上，會發現習慣單向問答的面試對應心態，反而會是在進行行為面試中的一大阻礙。

行為面試是以過去經驗為基礎，透過「開放式提問」探詢求職者過去如何處理特定情況的問題，以預測未來候選人在「新角色」中可能展現的行為評估。

常見的面試問題像是：「你覺得你的缺點是什麼？」在行為面試中可能產生變形，取而代之，轉變成更特定的樣貌。

也許是面試官推測出你有在處理衝突可能有劣勢，因此換了個方式問你：「專案經理通常會遇到期限壓力和跨部門衝突的問題，可以舉例你遇過

的狀況，並且是如何克服的呢？」這樣會直接點出：

- 求職者是否具備類似經驗？（攸關期望經歷的深度）

- 如何處理這些利害關係和時間壓力？（決策行為、人際特質帶來的解決方式）

- 雇主將從「最想要避免的缺點」提問。

　　若求職者不熟悉這類型開放、模糊的問題，會有種無從答起、摸不著頭緒的感受。但我們也不用太過焦慮，只要能優先理解行為設計的初衷——由過去推測未來，能夠以故事搭建能力（人事時地物）、將行為前的抽象思考轉化成特定用詞（職能）來準備，就可以破除對行為面試的緊張感，甚至這比單向式問答更能引導出他人看待我們真正的潛力。

行為面試的準備關鍵

想在行為面試中出勝，請一定要開始練習，搭建實際行動具體故事的能力。

- **提問特徵**：某個過去經驗＋行動過程。

- **準備關鍵**：找出大事件中的「小細節」，不斷問自己：為什麼只有我能做？

- **不斷練習**：運用星星法則對成就「剝洋蔥」，保持回答邏輯完整性。

- **雇主風格**：即使是同樣職位，不同組織會有不同偏好的人才樣貌。思考看看，自己與線上其他人員有哪些相似、相異之處？例如，潛在雇主是否在面臨轉型或設計特殊團隊？你的價值傳遞（職能）可以著重什麼來強調？

配合星星法則的回答運用：

- **你必須解決的情況或任務（Situation & Task）。**
- **描述你採取的行動（Action）。**
- **你實現的結果（Results）。**

盡可能保持具體的回應，無論事件結果是取得圓滿成功還是失敗收場，都抱持開放態度，點出你未來會如何因應、你的學習經驗與可能的修正。

懂得善用星星法則是個好方法，因為許多人資、用人主管確實也是參照星星法則去設計問題，以S、T、A、R來評分求職者的回答。

常見問題示範，破除單向思考，搭建回答脈絡

Q：你有曾經被迫在短時間下決定的任何成功經驗嗎？

這個的問題背後所要考驗的，通常會是求職者在短時間的「決策能力」（decision making）。

若你應徵的角色是處在面對變化高的協作團隊，或是需要獨立處理外部問題，這樣的問題就直接點出了，短時間決策且能達到成功的個人特質。因此，面對這樣的問題，你腦中跳出的成就是不夠的，還需要達到面試官所指定的特定情境：被迫、短時間。

● 回答搭建脈絡：當時是什麼樣緊急情況？→ 你被期待解決的問題？→ 你運用什麼方式解決？→面臨什麼樣內心與外界的挑戰？→ 成果如何？

Q：你在工作中曾犯過的重大錯誤，你做了什麼來糾正它？

如果你用以往單向式面試的回應方式，那麼，你可能會回答：「我盡全力檢查我的工作，確保我不犯錯誤。」、「我最大的弱點是我太在乎了。」

可惜的是，這在行為面試是流於俗套，並且無法取勝的答案。

這樣的問題背後所考驗的是：求職者的自覺力（self-awareness）與責任感（responsibility）。因此，面試官其實期望聽到的是，你如何感知不對勁的地方，並且承擔了重大錯誤的責任，努力糾正它，採取行動確保不再發生。或者，降低再發生的風險。可別小看這樣的能力，這可是領導能力中重要的職能之一。

● **回答搭建脈絡：當時是什麼樣的錯誤？→ 你如何察覺問題？→ 影響到了什麼樣的人？→ 你採取什麼行動防止事情惡化？→ 你學習到什麼？下次如何防範？**

行為面試最怕的，就是當被問到問題時，腦筋一片空白。尤其亞洲求職者的成長背景，較少有這樣的情境練習。因此，若你聽說過雇主傾向採「開放性問題」面試，請一定要儲備好具體的工作事蹟，透過回答搭建脈絡，預先一步步在腦中做拆解練習，拋出有邏輯並具說服力的回答，才不會讓面試官有「不知道在回答什麼」的感覺。

6. 團體面試（Group Interview）

先前我們討論了一對多面試官的小組面試，現在我們要切換成多位面試官同時對多位求職者，也就是團體面試。

團體面試代表求職者必須同時與其他應徵相同職位的候選人一起面試。面試官經常會向整個團體提出假想的問題或情況，讓團體從事活動解決或解決問題。這樣的面試型態除了降低面試的時間成本、滿足一次性大量招聘，也有直接進行觀察比較的好處。能夠透過快節奏的面試氣氛中，來瞭解求職者在工作頻繁出現的緊張壓力下，能運用軟性特質的程度，如解決問題的能力、人際溝通能力、團隊合作。

大型零售商與服務產業特別偏好團體面試，而前端的高科技公司（尤其內部的業務開發型角色）、金融投資公司也會以此評斷，求職者對針對性議題的批判性思考程度。

★ 團體面試的答題核心：

• **抱持開放心態「交朋友」**

成熟面對競合關係。盡可能在面試前瞭解同梯的求職者來自什麼樣的背景、他們的個性特質與專業擅長。當你瞭解你的隊友，才越有可能有默契地嘗試達成共同目標。

• **能明確自己在團體中的定位**

思考自己的特質在該團隊中，擔任什麼樣角色能夠將自己聲音、助力發揮到最大？是屬於領導者、整合者、組織者、凝聚者、監督者？

　　有些人對團體面試抱持著錯誤印象，認為內向的人較吃虧，甚至導致內向的求職者對於團體面試感到很抗拒，但其實內向者也有不同優勢能展現在團體面試中：

表現關注聆聽

　　仔細聆聽其他求職者在面試中的回應，不要重複他們的回答，並且注意其他候選人的回應和面試官對於這些回應的反應，這將幫助自己能避免地雷問題和答覆。

重點式回應

說話不代表你必須是常發言、說話最響亮的那個。你可以觀察一來一往的回答中，尋找機會，自信地舉起手，加入到話題之中。

而外向型的求職者也有著不同的困擾，好比說在自信與傲慢之間該怎麼拿捏。請記得，在團體面試中「只有自己看起來很好」是不夠的，更加分的是——你總是知道如何在各種狀況下，支持你的隊友。

你可以善用：

利用其他隊友提供的回應

讓面試官知道你有關注其他人的聲音，並表現出你作為凝聚團隊成員意見、引導團隊氣氛的能力。

讓團隊的每個人都能參與解決問題的過程

要在團隊中成為一個好的領導者，不是只完成任務就好。過程中，也要能夠透過善用每個隊友的擅長之處，並配合利用自身優勢，來實現任務目標。

5 ——— 資歷查核（Reference Check）

從你苦思機會在哪，下手客製履歷，再經歷過關關面試，終於快到了求職尾聲的終點線：背景調查／資歷查核。

資歷查核對於求職者來說，常感到麻煩、困擾，尤其是對於那些與「與上司弄得不愉快而離職」的族群，進而疏忽了這關卡的重要性。越是重視人才素質的公司，往往都會有這樣的關卡設計。

我曾聽過許多雇主分享那些「令人跌破眼鏡的真實調查」，譬如：外表體面但「學歷造假」的求職者、擁有專業經歷卻「總讓共事者不愉快」的求職者、戰功豐厚但有「糟糕私生活」的求職者等，這些評價都會影響雇主最終的決定錄用。

甚至，即便是一次的造假，都有可能讓求職者在人才市場的評價中「低落得有名」。畢竟，業界看似很大其實很小，這些人資、獵頭、用人主管也是會私下交換「壞」情報的。

當篩選面試、直接面試結束後，雇主通常會有一～三位想要雇用的口袋名單，越喜愛的求職者則會優先採取背景調查，確認沒有任何不符合事實的地方後，再進行薪資談判，決定給予聘書。

若求職者所應徵的職位職級越高，或是越接近核心業務，都會讓你被要求的徵詢對象／推薦人數目、類型越多。只要是牽涉機密性的事物，大家都會想要更謹慎些。

資歷查核前的準備

　　推薦人的口袋名單：請隨時保持一份動態且對你有幫助口袋名單，有幫助指的是推薦人的角色，是能夠證明你具備足夠的專業經歷，並且共事時間是越近越好。我會建議，若你計畫半年後要轉換工作，那麼你就應該要開始及早思考：「有誰能夠幫助我提出有力證明與推薦呢？」

A. **準備兩位的徵詢對象**：類型一定要有包括現任／過去直屬主管、合作客戶、團隊下屬。若你是在職狀態中而不便提供現職主管作為推薦人，是可以被接受的，只是在「面試／面試查核時的保密原則」請務必優先和雇主溝通好。

B. **確認背景調查時間**：背景調查通常是透過電話查核，務必先與你的人資聯繫人確認好他可能「撥電話過去的時間」，能讓推薦人心態、空間上有所準備，這也是應該具備的職場禮貌。

C. **與推薦人打好招呼**：有些推薦人接到調查電話是感到意外的，因為他們根本沒有被知會這通電話的訊息。而這樣的情況下，根本不可能有良好品質的調查結果。當你決定好推薦人的對象，請務必先徵詢對方「想要幫你推薦的意願」，並且主動告訴對方：

✓ 你現在正在談什麼樣的工作機會？

✓ 為什麼想要找他幫忙？

✓ 請對方幫助你強化推薦（針對性地解釋應徵角色的核心業務，譬如：若你應徵業務，那麼實際的銷售客戶、業績數字、業務技巧就會很重要了）。

資歷查核的進行

現在越來越多公司是將資歷查核，委託給第三方公司（Background Check Service）進行。但不論是由雇主直接調查或從外包公司進行，他們通常都會致電與前公司人資確認在職時間，並且與推薦人徵詢以下的主要問題：

A. 你與求職者的關係是什麼？
B. 你認為求職者的領導能力如何？
C. 在共事期間，該求職者有任何讓你印象深刻的表現？
D. 求職者與你、其他部門主管、團隊成員的相處狀況如何？
E. 該求職者通常會怎麼樣處理衝突？
F. 有機會的話，你會想再與求職者共事嗎？

若你是進行與跨國公司面試，得需要考量到你的推薦人語言能力（尤其是英文）。當你的推薦人英文程度不足，請盡可能先幫助對方釐清以上問題

的英文關鍵字，確保他能夠採正向的簡單英文回應。

資歷查核後要做的事

好的（有力的）推薦人絕對是幫助你跳級得分的關鍵，但也請小心推薦人的「過度推薦」。若推薦人都說不出求職者的任何缺點，也是會被懷意推薦的真實有效性。

A. **追蹤調查進度**：與你的人資聯繫人瞭解查核狀況，主動掌握現在所處的面試階段，是通過查核將到薪資談判階段了呢？或是，未通過查核的原因是什麼？

B. **表達感謝之意**：受人幫忙也要禮貌回應，不妨邀請對方喝杯咖啡、吃頓飯吧！

6 —— 薪資談判（Salary Negotiation）

有時，我常覺得自己是個令人又愛又恨的角色。對於求職者來說，碰上與獵頭合作時，一方面期望能藉由獵頭，幫忙談出「自己不敢談」的夢幻薪水，但另一方面又怕談不攏，進而間接失去機會。

在面試中，當進入到了最後的「薪資談判」過程，雇主、求職者、獵

頭，雙方或三方的談判技巧，都會產生不同的交互影響。

求職者常常在這階段，陷入了非黑即白的迷思，用著「有沒有滿足我要的數字」心智，片面評斷機會。若無法滿足到硬性數字的期望，就直接認定雇主不珍惜人才的運用，最終搞得與雇主之間不愉快，讓先前的面試努力與精力都成了浪費。

但有沒有想過，我們都不喜歡其他人用「商品化」的角度來看待自己，那麼為什麼我們也會用「有沒有達到價格標準」來決定「自我評價」呢？

在薪資談判階段，重要的是：

> **有沒有認真思考過：**自己在工作中「想要與必要」的「可量化與無法量化」因素？
>
> **有沒有認真觀察過：**雇主有無付出努力去滿足你的條件？

只要你不是個平均候選人，雇主通常也會願意努力在種種可能限制中，試圖取得與求職者的平衡點。同時，這也是個很好的過程，可檢視雇主對於人才發展空間的態度為何。

成熟的職場人都應該要能對自己的選擇負責，這也包括，你有沒有具備好基本薪資談判的概念與態度，將會幫助你掌握薪資談判的核心關鍵：幫助自己「獲得多一點」。

談判關鍵1：確定自己與雇主薪資組合

在薪資談判中，許多職場人往往遺漏「薪資組成」的基本心智。因此，當求職者被問到「請問你的薪資期望為何呢？」可能便會回答：「我期望55K……」、「我期望是45K～60K……」等等。

然而，過高或保守的數字、或是過於開放的範圍，都不會是個好回答。

★普遍的薪資組成大致會是這樣：

A. 固定薪資（basic salary）：固定月薪 x 月份

B. 變動獎金（variable bonus）：三節獎金、伙食費、年中（終）獎金、業績獎金（bonus or commission）、績效獎金（special allowance）

C. 各種補助（allowance）：手機費、交通費、出差費、租房費、汽車（油錢）補助

D. 股票（stock option）

有許多求職者是連自己現職薪資的組成都不瞭解的。若從未花心思好好瞭解過這塊，可能在每次轉換都是憑自己心情開價、或是憑對方心情開價，這就不是好的談判了。最糟的則是落入似是而非的數字遊戲中。

因此，請務必先瞭解你的現職薪資元素的組成，再配合雇主的元素組成

方式，才能切換到「同樣的計算方式」來溝通待遇，這是最基本談判的前置作業。

　　而每間公司有不同的薪資結構計算。譬如，以科技業來說，外商公司偏好固定薪資十二～十三個月的設計；本土公司偏好十四～十六個月的固定薪資，配合三節與其他獎金；新創公司則偏好股票的組成作為激勵設計。

　　舉例：

　　Jay目前服務於某本土公司，現職月薪為NT\$45,000，底薪為保障十四個月，他現在的全部薪資為NT712,000，包括：

1. 固定薪資（Basic Salary）： NT45,000 x 14=630,000
2. 變動獎金（Variable Bonus）： 三節NT5,000 x 3=15,000 ＋ 過往績效獎金平均約1.5個月=NT67,500
3. 各種補助（Allowance）：無，手機費、交通費採實報實銷
4. 股票（Stock Option）：無

　　而Jay正與某同業公司談判薪資，該公司保障底薪為十二個月，無額外變動獎金，補助皆採實報實銷。因此，Jay在轉換現有薪資，配合對方薪資結構設計時，則是：

　　NT630,000／12=52,500 → 意即，轉換到對方公司時，他必須先知道月薪至少要有NT52,500才是維持著現職薪水行情，並配合變動獎金加入，再開始評估薪水期望。

當你能理解：薪資組成、薪資結構，做好轉換計算（用雇主語言溝通期望值），接下來你該思考、計畫的則是：如何「一步步」丟出你想要的數字。

談判關鍵2：準備自己的談判劇本

當你在進行談判時，請小心不要落入自我感覺良好的誤區，認為「對方『一定會主動』認可我的價值，薪資盡可能求高就好」。

我看過很多爭取失敗的例子，大多來自於雇主尚未充分理解求職者到底真正在做什麼，認為C/P值不高，而不願滿足期待薪資。

　　求職者的印象評價是一種「相較值」，常見狀況像是雇主可能對於求職者的實際貢獻仍感到模糊，但與同梯競爭者相比卻是表現突出的，因此期望由薪資談判階段「測試」。

　　若在這種情況下，求職者單向抱持著：「對方一定是認可我，才會與我談薪資」，殊不知這還是處於面試測試的關卡，容易對談判造成不利。因此，請在薪資談判中「配合數字並繼續強化你的價值」。而強化價值的用意，都是為了告訴對方——為什麼你值得？你可以準備一份「談判劇本」，內含以下三點：

A. 你過去貢獻了什麼（自己的特殊能力／經驗、具體成就）？

B. 未來你能為組織帶來什麼（切換到雇主立場思考：你過去做的，與未來能幫我做的不一定相符）？

C. 你還能額外貢獻什麼（試著說明你的加入能幫助用人主管與團隊「多」做到什麼，強調自己的額外職責，這可能是沒有寫在職位說明書上，在面試過程中你所想到的）？

　　若你在談判中感受到雇主的誠意努力，但卻得到「招聘預算有限」這樣回答，不妨試著用非傳統型的薪資補償來爭取，譬如與用人主管建立一個短期可預見的半年目標，預先溝通：「若是我能做到XXX，證明自己是有能力做到XXX，希望能提升到XXX薪資」，藉此取得可預見共識。

　　我曾經遇過求職者在這點巧妙爭取，進入公司後展現實力，與直屬主管建立起真正默契後，短時間內薪資三級跳的狀況。這樣的數字增長，可不是在薪資談判階段就能達到的，也就是秉持著談判中的「獲得多一點」。

談判關鍵3：理性與感性評估薪資期望

理性評估

　　相信在談判前，你一定會積極在網路上搜尋薪資水平，但請抱持這樣的心態：網路數據可以參考，但無法照單全收。譬如，你是在Glassdoor搜尋薪資水平，卻忽略了不同國家的地域性、市場性、物價水平等因素影響；或者在網路上透過單一個案就認為是平均薪資價值，這些都很常見。

　　網路資訊「不是」薪資期望的籌碼依據，單用片面數字談判很容易失敗。如果有委託給獵頭，建議詢問對方，現在角色在薪資市場範圍為何，會比片面的網路訊息來得可靠。

　　當薪資資訊收集完畢，也請將「無法量化的隱藏關鍵」加入腦內，全盤地考量薪資期望。譬如：責任制帶來生活品質的高低、工作地點轉換所帶來

的適應性衝擊、自我壓力承受度等，總和評估後，釐清自己「向上爭取的頂點」與「維持滿足的底線」在哪裡，才能在談判中建立目標感，與你的A.B.C談判計畫。

感性判斷

想想看，過去我們薪資期望的溝通經驗中，你曾經有沒有過這樣的想法：

「XXX做的事情跟我一樣，但領得卻比我多。」→「真的很不公平。」→「在這次的轉換中，我要爭取到XXXX。」

「我在網路上看到平均薪資應該是要XXX」→「我虧大了。」→「藉由這次機會，我要提升到XXXX，彌補這個缺口（gap）。」

請小心，一旦你被「委屈」綁架，就會忽略：

- 即便是做一樣的事，做的人若是不同，薪資是一定不同的。
- 新雇主確實沒有義務，為我們過去的選擇所帶來的機會成本負責。

面對談判的態度也是關鍵，處理好自己的情緒很重要。談判之所以失敗，多是求職者內心陷入了某種委屈，進而負面影響在薪資談判上的語言、行為中，最終被雇主誤會成獅子大開口、只以錢來衡量的求職者。

當對方感覺談判行為不理性，便會間接懷疑起求職者的轉換動機，影響雙方的信賴感。

在所有薪資談判的過程中，請務必記下雙方討論的數字，盡可能再次以書面確認（例如：用Email與人資、用人主管溝通），避免用雙方「印象中的模糊數字」溝通，而衍生出許多誤會。

有些求職者為了避免談判中不舒服的感覺，喪失了最好的薪資討論時機，甚至最後導致離職。要瞭解，這也不是雇主樂見的。

下次有機會在面試中，進入到薪資談判的階段時，不妨先調整心態，當作一次寶貴的練習，思考如何為趨近自己想要的目標而努力。並且，不論在談判過程中發生了什麼事情，都保持專業態度應對，避免情緒化。

即便最後雙方未能取得共識，也請大方感謝對方在面試上所花費的時間與精力。千萬不要因為一時破局而自斷橋梁。因為，說不定未來還有合作的可能性——只是時機未到罷了。

4

重構職場觀念：
別讓職涯變成職崖

許多職場人都能很快反應出自己擅長什麼、成就過什麼事。但對於「為何會如此擅長」這點，腦筋卻是一片空白。比起回顧那些已經擅長的事，更重要的是明白：我為什麼會如此擅長？而這個「為什麼」，就是他人難以取代之處。這樣的人生故事，也就是你的職涯品牌，透過不同的職能、職位、產業，能夠幫助你傳達出更有亮點的職涯故事，甚至更有溫度。

Match Point

★ 請重新定義「工作」，才能發展出「職涯」。

★ 多職是種趨勢，但能套用在每個人身上嗎？

★ 專業不再是「唯一」，面臨職涯的雨天時，可以怎麼做？

★ 如果沒有名片上的頭銜，「我」是誰？

從童年起，爸媽告訴我們要努力念書，將來工作才不會辛苦。上了高中，老師說要全力考上好大學，才能夠找到好工作。而進入職場後，前輩則和我們講要進入到某某公司，未來發展才能三級跳……這是多數人所認為的職涯成長路徑。

但是，站在現代職場，卻產出了很多以下的結果——確實進入了知名大公司，卻是進入了知名的「衰退」公司；的確取得響亮頭銜，卻成了「轉職阻礙」；成功取得專業能力，卻面臨更高的「失業風險」；以為自己有了選擇，卻錯失「還能選擇」的時機。

當我們接受他人聲音的同時，也要能獨立思考這樣的建議，套用在屬於你身處的現在，到底能否適用。譬如，每個人進入社會的時間點不同，就開始有了不同的起點，有著不同的挑戰。有的人是遇到經濟起飛；有的人是面臨金融海嘯；有的人是經歷創業崛起。這都會衍生出屬於這些世代的工作觀、感情觀、世界觀與人格特質，近而連帶影響社會看待所謂人才的標準評價，甚至職場樣貌。因此，也造就了上述這些憾事的發生。

想在職場中打滾，不能坐在過去規劃未來。多數人會選擇看似勤勞的方式去達到目標，像是面對要不要離職的問題，比起認真思考檢視自己，與瞭解環境發生什麼事情，寧可選擇往細部去鑽研那些二、三手資訊，找到能應證自己心裡想要的答案。

當你越晚調整看待事物的起點，與現實世界的鴻溝必然會越深。出於想保護自己的機制下，自然就想逃避，或乾脆放棄。所以，在閱讀本章時，不

妳一邊思考目前所處的環境、職場有沒有這樣的徵兆？而自己現有的應對方式是否足夠？

1—— 傳統職涯已消失，請重新定義工作

從全球經濟再到時下的零工經濟，工作的類型變得更加廣泛了。過去，你所期望的全職工作，這樣的機會在未來將越來越少。就工作類型而言，不再只是全職或兼職這樣簡單而已，它可以是正式、非正式，或臨時性、定期性、季節性的；或是以專案為基礎：代理的、兼職的、零時契約的、自由職業的、偶然的；以平台為基礎：外包的、分包的、無保障的、邊緣的或不穩定的……等等。這也攸關了整個就業市場對於評價職位、工作者能力經驗與職涯發展方式。

現在，沒有人會因為擁有二十年的豐富經驗而受到聘用。之所以會受到聘用，是由於對方喜歡你的想法，而這也意味著，我們必須開始思考：你想要做什麼樣具體的工作？他人能與你諮詢什麼樣的任務？

我們不能再以老套（懶惰）的方式給自己貼上標籤，說：「我是一個某某領域專業技術人員。」便等待雇主回音。

處在人才過剩的時代，要理解的是，雇主其實並不欠缺高知識、專業技能的工作者，但卻需要能夠解決他們問題、有即戰力的工作者。因為，他們

有市場營運的痛苦、研發的痛苦、投資的痛苦，或其他特定而需要被解決的痛苦。只要你具備緩解雇主痛苦的能力，他們甚至也願意提供你如前述更多樣的工作類型選擇來爭取到你。這是因為，能解決他們問題的人真的不多。

而要能解決問題前，得先聽懂不同領域專家所說的話，是相當重要的。近期的雇主在與我分享與候選人的面試評價時，多了許多「聽不懂」的擔憂，認為候選人聽不懂他們的需求痛點，只自顧陳述自己的能力經驗。在這樣的狀況下，更無法想像工作者能在入職後作跨平台間的溝通，整合轉化出有創意的洞見潛力，這也是相當不利的價值低落表徵。

但回歸到工作者的立場，對於應該要具備的跨領域協作的整合能力，卻是相當抽象且模糊。因為這和過去所習慣各司其職的職場分工下，所訓練出面對問題的思維有相當大的差異。像這種你不一定要會，但能夠傾聽並且聽出東西的軟性能力，卻是在現代職場中，我們不得不提醒自己要琢磨的。尤其，當電梯式晉升的職涯階梯（Career Ladder）逐漸消失，也會讓你多了橫向移動的可能性，取代垂直晉升，成為另一種新職涯成長途徑。

跟著下圖，一起來看看傳統職涯與現代職涯的不同吧！

	傳統職涯	現代職涯
職場樣貌	縱向上升，可預測性高，具有穩定感。	橫向擴充，難以預測，充滿不安全感。
路徑特徵	有固定成長路徑，單一角色，一生一次職涯。	無固定成長路徑，多重角色，一生有多次職涯可能。
成長方式	組織導向的職業生涯管理，依賴公司正式訓練來成長。	個體導向的職業生涯管理，依賴工作經驗和人脈關係來成長。
雇用能力	專業能力＋深度經驗。	專業能力＋資源整合力＋解決問題的能力。
環境充斥	組織、產品。	聯盟、個人。
工作指派	工作者接收：組織要你做什麼？（know how）	工作者主動思考：自己能做什麼？（learn how）
能力重點	具備被組織的終身雇用的能力。	具備自己能被任何人終身雇用的能力。
成功定義	職級、頭銜、薪資。	心理上成功、有意義的工作。

面對現代職涯的變化，有兩個問題是我常被職場人問到的：

Q1：只要產業發生變化，我的專業就不見？

A：面對產業變化的風吹草動，多數人第一反應都是恐慌。不過，產業變化就等同於專業消失嗎？這倒是不一定。的確，世界上所有職業都會受到人工智慧和機器人等新興技術影響，不論是衝擊到傳統製造業、金融業、運輸業、醫藥業、出版業、觀光業等，但該產業必然會做出求生的調整，做出轉型，導致你的職業角色跟著變化，甚至消失。但請一定要保持冷靜——即便你的角色在這當中消失了，都不代表你曾經擁有的專業會消失，它們仍然在你身上，只是你必須也要能夠做出相應的改變。

對於改變，也許你可以想像是同一種內容物，但需要迎合「市場口味」去升級，再換個「包裝方式」，「重新進入」市場。

舉個例子，有個求職者是名工程師，任職於半導體加工業十多年，他知道自己需要改變，才有可能突破職場停滯的困境。他想進入到數據分析領域，但考量這是從未接觸的陌生領域，陷入了恐懼與掙扎。

最後呢？他的確離開了一陣子，進行有目標性的充電學習，仍成功回到了半導體產業，並且在這個領域中，發現了新的角色，擔任一名數據科學家。

Q2：環境不可預測性這麼高，我還能規劃職涯嗎？

A：就是因為不可預測性更高，更要有策略且具彈性地規劃。面對職業生涯規劃，通常會出現兩種極端的類型：一、毫無職涯發展的意識，缺乏方向感。二、過於遵照職涯規劃路徑，缺乏彈性。

雖然許多人會認為現代環境難以預測，但這不代表無法規劃，而是該有面對長線的短線打法。

我通常會建議職場人，在這顛覆規劃的世代，在職涯規劃的時間切割上，將一年設為短期目標，三年是中期目標，五年是長期目標，這樣隨時調整的調性才會大，才夠敏捷，並且要漸進式地告訴自己：

- 再過不久，我將必須做出職業轉換。
- 我需要具備可遷移能力，來轉移到新的職業角色中，爭取上手時間。
- 但針對無法帶走的能力隙縫，我必須用新的學習來彌補，獲得新的職業角色。
- 我必須能證明我的新技能、可遷移能力的價值和關聯性，以便成功轉換職涯。

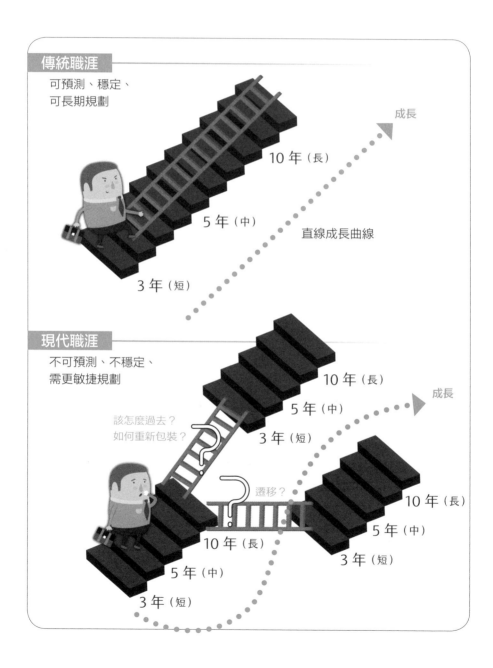

Happy Hunting!

　　要順應現代職場的新規則，你必須檢視現有技能的移轉性，並學習新的技能，填補轉換間的差距。想掌握這兩者間的平衡，需要誠實的自我評估，並且保持對職業角色和專業領域變化的關注，這也代表了你需要提前策略性地規劃。當到達「五年」這個節點，就該重新思考自己「變革」的方式，再次啟動新職涯目標，漸進式地組合成自己的職涯。

2—— 斜槓青年與中年：斜槓越多，真的就越好嗎？

　　斜槓的職業經營方式，在近期相當受到推崇。如果你尚未聽過這個名詞，不妨想像一下，你隔壁正埋首於工作的同事，可能是晚間知名的直播實況主、3C部落格寫手、二手旅館房東、假日咖啡店店長，而他們的名片難以用單一頭銜來著稱，而是必須有多個「／」用來表示他們的職業身分，像是：業務諮詢／文案寫手／編劇／活動企劃／英文翻譯／記者／自媒體。

　　在過去的職場，這種多重角色的職業經營方式會被稱為組合型職業或多重職業，而現在則是以「斜槓」作為這樣趨勢的代表。

　　許多人倡導斜槓，認為它是種更安全保持收入的方式：「就算失去其中一份工作，我還有四個。」甚至，在多種身分中能兼具個人興趣，實現更多人生的意義，做想做的事情，擁有更自由的生活。

　　然而，若你是認真想要採用斜槓的職涯經營方式，除了這些美好的正面，反面也需要考量進來：

A. 雇主可能無法認可斜槓工作者的經驗值與能力價值

　　雖然斜槓趨勢備受許多職場人推崇，但站在人才市場的雇主觀念中（尤其是中大型組織），接受度仍然較為保守，對於這樣的職業經營方式，容易產生「這個會一點，那個也會一點」的第一印象，質疑求職者的技能深度。

B. 斜槓工作者自己容易忽略職涯發展意識

　　若你認真探究，那些在多重職業下，能將所有工作協調運作，甚至放大自身優勢的職場人，便會發現，他們通常是**擁有高附加價值的專業人士**，能透過強勢的單槓能力，甚至資本優勢做好資源分配組合，將個人經驗能力以不同形式輸出，這和我們認知所謂成功的「斜槓青年」很不一樣。

　　而職涯經營方式絕對沒有好壞，只有適不適合自己之分。對於年輕職場人，如果將「斜槓」運用妥當，的確是可以比同齡人具有更超前的增值累積；而對於資深的職場人，則能運用在轉型期做不同身分的摸索，打破停滯困境。

　　若你想要採用斜槓的方式來經營職涯，一定要優先問自己：

我的自我管理能力如何？

如果把自己想像成一間公司，你想要這間公司是怎麼樣組合呢？採取斜槓的組合方式有很多，可以是從技能和興趣的結合，再來搭配主業＋副業的比例；或是走多種副業的方式，與不同的雇主合作，同時進行多種兼職，合成一個像是全職的職位。不論選擇哪一種，都將需要更彈性的應變力、技能的多樣性、取捨時間精力的犧牲、與能夠多重任務處理的態度。

遺憾的是，這樣聽起來很基本的職場素養，卻不是容易做到的。許多人都想要有自由的生活，不被組織那些死板的規則拘束。但在沒有單一工作、單一雇主的情況下，想要能將身上這麼多的職業角色管得好，更需要具備自我管理能力，這包括了高度自律性、自制力、組織能力和風險承受能力。畢竟，同樣都是能完成任務，焦頭爛額地花六小時完成，和精簡有效率的花兩個鐘頭完成，是很不一樣的。

在缺乏高度自我管理能力前，若採取斜槓經營方式，或許只是浪費寶貴的時間罷了。

我的專業水平已達到一定高點，足以讓我切換到不同身分了嗎？

在能力尚未達到一定水準，便採取多種職業角色經營時，容易變成：看似什麼都會，但其實缺乏一技之長的狀況。當所做的每件事都屬於那些被分割好的細微事物，縱使完成這些項目能為自己帶來額外的零用錢，但很可能不會帶來「增值」。不論是能力經驗、個人品牌的累積、解決事情的細緻

度。隨著時間拉長，當同期人都因為完成了那些「增值」項目，往上躍升時，你可能變得更加無法翻身，只能持續做那些低價值的事物（甚至同期人外包給你做，好讓他們專注更有價值的事物）。在這樣的循環下，縱使有再多斜槓對職涯成長仍相當不利。

回歸我們先前強調，每個職場人該有個核心三年，做好能力的基礎扎根，培養受人認可的專業（代表符合市場需求），而隨著時間再度拉長，會從更多的經驗總結，形成你的核心能力，成為賴以為生的主軸能力。像根梁柱一樣，當你能站穩之後，就可以思考你要往哪裡斜。

而面對這個核心能力，也請要有層次地評估。譬如，會做甜點 → 能做出好吃令人回味的甜點 → 能做出有視覺藝術的甜點；或是，具備帶人的能力，從能分配團員不同任務 → 能激勵他人讓效率更高 → 能說服他人改變往願景邁進。

同樣都是擁有某件事情的「能力」，但所展現的「專業水平」則是大不相同，這攸關了影響力與可替代性。

若是在職涯初期能力形成期（尚未具備主軸的核心能力），就選擇往多重職業方式經營，那更需要仔細判斷額外的事件與角色，到底能否幫助你提升能力。

職業角色間的重複能力運用情形如何？是成長還是消耗自己？

曾經有工作者問我：「如果我想要在主業之餘，想要藉由副業來培養第二、三種能力，要怎麼樣才不會消耗過多時間變成浪費呢？」

面對這樣的問題，我認為特別適用在斜槓的情境下。如果你是有目標性地想藉由斜槓提升職涯，在每個人都有限的時間與體力下，我會建議，請盡可能挑選能夠重複運用的能力，選擇要「斜」哪些角色。

Cindy在某電商公司擔任美妝品項的行銷企劃，在平行時空下的她，可以有兩種方式經營斜槓職涯：

1. 行銷企劃（主業）／美妝部落客／蝦皮美妝賣家／電商講師／網拍顧問
2. 行銷企劃（主業）／3C部落格／服裝賣家／文章翻譯／咖啡師／演員

以Cindy來說，如果選擇第一種類型，對於主軸的行銷能力、產品知識的複用是高的，甚至可以透過不同的平台磨練廣度。例如，透過自營美妝部落格，對於使用者的需求瞭解，再帶回主業裡來制定更精準的行銷活動；或是在當網拍顧問時，也能傳授美妝品行銷的實戰建議。在這之間所花費的時間與精力，回收成效相對是高的。

然而，若是選擇第二種類型，每個角色的能力差異較大，像是文章翻譯，更需要語言能力的轉換；而3C產品的知識可能需要吸收額外產品新知。雖然都可以做，但因能力重複使用的情況較少，需要額外耗費的心力與時間都會更多。

因此，請辨別出這些角色任務的選擇，對自己來說到底是種成長，還是消耗？通常，斜槓如果能幫助主業產生加乘效果，會是求職的加分項。或者，當有天你想回歸到單一職涯的方式經營，利用眾多不同的職業角色，有目標性滾雪球所經營出的核心能力，也能成為信服的關鍵。

不過，也要小心反被斜槓誤的情形，像是近幾年在網路加速了知識商品化下，工作者將習得工作知識與技能，變成知識商品包裝販售，甚至透露行業機密來打知名度。當消費者的興趣褪去後，想要回歸業界，但雇主卻對其誠信有所質疑。甚至有些人最終變成所謂培訓專家、商業顧問等等，可這其實並非斜槓的最終目的。

經營職業的方式沒有優劣之分，重要的是這些選擇是經由有意識地評估，選擇適合自己的方式來與社會互動、維生，也兼顧到個人成長並維持職涯發展。

如果你評估後，覺得自己仍然適合單一職業經營方式，也不代表你過時了，而是如先前分享，經營單一職業的職涯時，需要更敏捷地規劃職涯（短期一年、中期三年、長期五年），用更多順序性的眼光來看待現在的技能與角色，並且隨時做好切換。

好比說，假設你是創業家，將應該成為「連續」創業家，即使現在銷售A，也要具備敏銳觀察消費者的眼光。當A熱潮開始消退時，就該切往到B。而若你是研究員，利用當前工作中的人脈聯繫，以資源與知識來幫助自己轉型到研究更新一層的領域。

3 —— 擁有專業也會失業，該怎麼應對？

現在試著問自己看看：如果我明天馬上就會失業，我能夠做什麼工作？

如果你現在馬上就有答案，而這個答案也能受就業市場肯定，那你的職業經營方式應該是不錯的。

「失業」這一詞和過去我們所認知的：我很差、有點丟臉，是相當不同的觀念。在現代職場，擁有專業仍會失業。但我們更該重視的，是即便失業仍能快速找到工作這點。

現今，一個工作者一生有多次職涯的可能，再加上產業更迭快速，並不是非要等到中年才思考失業危機，從日常就要開始養成隨時能被雇用的能力，和以往我們認知「找一份工作」，在應對心態上絕對不同。

我的一位候選人，他從出社會到現在近二十幾年，儘管做到了某大型外商亞太地區的產品策略總監，也持續有個習慣——隨時切換成求職者狀態，每三個月就會更新一次履歷。

　　我曾好奇問過他，為什麼會養成這樣的習慣呢？他回答：「就算沒有在找工作，但藉由定期更新履歷，能讓我坐在桌前回顧自己，思考過去這幾個月做了什麼。而若我是用人主管，我又會怎麼看待這些成就與這份履歷有沒有符合市場所需。」

　　隨時保持居安思危的意識並不容易，而職業生活有晴天也有雨天，但偏偏很多人在走得順的時候，容易迷失在掌聲之中，忘記雨天來臨時自己該怎麼應對。

　　越是年輕，就應該要培養自己具備隨時被雇用的能力，更有目標性地思考要累積什麼樣的無形資本，以面對職涯的「雨天」。接著，我們就來一起看看哪幾項無形資本是必須具備的。

☂ 技術資本

累積自己的技術資本，就代表了如何抓住未來的優勢。若你本身具備了前端技術，代表抓住了就業市場的需求。即使不幸面臨了非自願性的失業，其他雇主也會因為想要跟進這樣的優勢，「藉由你」去達到目的，這就會使你的受雇機率提升。甚至，有些工作者也會以此而選擇創業。

> **→問問自己：你要領先他人多前面？如何於原有專業中不斷加入新元素以升級？**
>
> 若從事廣告行銷人員，只用傳統行銷（traditional marketing）的方式可能不夠。在09年臉書進入台灣後，多了所謂社群廣告，甚至後期APP手機廣告也流行起來。許多早期接觸的工作者，可能就用相較短的年資取得了薪資與頭銜的增進。即便是資深的職場人在後期跟進數位行銷（digital marketing）的經驗，也不見得能得到這樣的操作優勢。像這樣的技術升級，大大攸關了掌握雇主需求的強勢度。

☂ 時間資本

從時間角度評斷自己既有專業的優勢延續性如何,也會攸關技術資本的培養。

以在做獵才挖角來說,A公司目前具有業界最新的某領域技術,若想要從A公司挖角人才至B公司,能夠多快完成這件事情?是三個月、半年、一年?再到工作者入職、習慣公司環境上手後,完成本身知識轉移,這中間所耗費的時間差距都與個人、組織,甚至產業競爭力息息相關。

→ **問問自己:你還剩多少時間?這項技能什麼時候會普及化,甚至不再被需要?**

請開始有層次性地思考,評估自身的專業性,以及優勢還能維持多久?這會幫助你預測「雨天期」,並且在那之前就開始為減緩衝擊作出應對。

☂ 人脈資本

人脈在關鍵時刻的影響力是不容小覷的，它帶給你掌握資訊的不對稱性相當珍貴。人脈的累積不是數量多就好，也不是指總是那同一群人，而是要能更新策略結構。

好比說，當你想要做某項投資，但對於市場不瞭解，透過該行業的朋友能快速知道當地市場狀態；或是想進入某家公司，透過直接任職的朋友打聽消息，甚至獲得內部推薦。這些消息都比網路搜尋來得更快且準確。

當你更能掌握那些一手消息，在別人還需要摸索時，這些消息可能會幫助你即刻決定。站在雇主角度，當想要雇用一個人，也是會看重工作者背後珍貴的人脈資源。甚至，人脈也是幫助你在危機的時刻再站起來的關鍵。

→ **問問自己：你既有的人脈圈組成結構如何？有哪些產業、領域、職級角色在其中？你能帶給他人交換的資源有哪些？**

至於，人脈結構要怎麼升級與養成呢？在不具備實力前，想要能有交換資源可能會有些困難。但其實，人脈會隨著你想要往前的道路而不斷更新，產生結構變化。

我反而認為，有正確心智，並且在技術與時間資本累積與發展，以更多元的方式去看待每一位合作的人，保持友善關係，都有可能在正確時間轉變成「人脈」。

☂ 金錢資本

　　財務實力能幫助我們走過失業期，也能有更多的人生選擇，不論是想要學習其他技能或創業。除了關注薪資，更要評估眼前工作或老闆能給予什麼樣的機會與經驗？可以將自己提升到什麼高度？是否能讓自己從工作中，得到「離開這份工作後，能有創造金錢價值」的能力？而「創造金錢價值」能力是相當可貴的，意味著你能夠脫離組織生活，甚至能夠靠自己賺出更大的工作與財務價值。

　　我曾看過一些職場人意外失業，卻因為這樣的能力而重拾事業第二春。至於，要不要再回到公司上班，反倒成了他們職涯之中的一項選擇，而非必要了。

> **→問問自己：現在的工作所養成的金錢能力如何？只是單純領對應的薪資？還是有未來自我創造金錢價值的空間？**
>
> 「隨時被雇用的能力」聽起來很簡單，但許多人都是到了落入看似永無止盡的待業期，或者是被迫大幅降薪、降級以求生存的狀況，才發現到自己錯估情勢。像是，高知識白領的工作者，誤判自己仍還有「專業」，卻忽略了知識現在變得容易高度複製。
>
> 當人人都有這項「專業」時，它就只是門檻稍高的重複勞動而已。意思就是，這件事情人人都可以做，甚至雇主會為了節省人力成本先解僱工作者，否則就用更低價外包（試想一下，如果你是採斜槓職業經營，這件事情對你的價值累積？），或利用新科技取代。
>
> 如果為了想延續自己的舒適圈，獲得表面的穩定與假象的安全感，代價其實比想像中還大！

4——— 沒了名片上的頭銜，別人會怎麼識別你？

而除了累積應對資本，「我」這個意識也是相當重要的。

有些工作者容易錯把「公司的能力」當成自己的能力，把「公司品牌」當成自己的品牌。這帶來的風險，除了不利於在失業時再度站起的力道，也容易落入自我限制中。

舉例來說，我在面試時會問到候選人對於一件事情的看法意見，常會聽到：「以我的專業經驗來說，我認為……」但若繼續抽絲剝繭詢問這樣想法形成的原因，這份「專業認為」的背後卻是來自於組織認為、角色認為、老闆認為，全都不是來自於「自己」認為的意識，而一旦進入激烈的就業市場就備受考驗了。

請一定要小心：透過工作認同所衍生的自我認同，當面臨職涯的意外危機，工作認同感被拔除了，自我價值也會受到極大衝擊。

以下幾個問題，提供給讀者思考：

- 在工作的日常中，執行一件事情時，一定要能夠保持多維度地思考：組織認為的是什麼？主管認為的是什麼？我認為的是什麼？

- 接著，面對完成的成就要能去想：這是組織資源帶給你的？還是你自己想辦法完成的？

- 當你完成的項目越多，你就應該要能從中總結：你擅長什麼？又為什麼會如此擅長？

　　在我的工作經驗中，我發現到一件有趣的事：許多職場人都能很快反應出自己擅長什麼、成就過什麼。但對於「為何會如此擅長」這點，腦筋卻是一片空白。其實，比起回顧那些已經擅長的事，更重要的是明白：我為什麼會如此擅長？也許是由於個性特質、某個朋友的影響、叛逆人生觀、獨特學習方式、旅遊經驗、痛苦挫折等等，導致你開始做某件事，或是對某件事更加有熱忱。而這個「為什麼」，就是他人難以取代之處（甚至很多True Calling都是從這被發現的）。這樣的人生故事，也就是你的職涯品牌，透過不同的職能、職位、產業，能夠幫助你傳達出更有亮點的職涯故事，甚至更有溫度。

　　「我」這個人性的元素，在機器人時代，對我們的專業發展也相當重要。當社會越來越便利，科技越來越人性，每天幾乎不用動腦就可以生活，足不出戶也能夠工作，導致動腦的速度減緩，而思考的能力下降，加上因人際互動變少，溝通能力也隨之低落。坦白說，競爭力都是一點一滴，慢慢流失的。

　　以專業發展來說，人性能演變成創意，當科技可以服務你很多事，那你反而更該比別人、比機器更瞭解自己，才能瞭解真正想要做的東西，借助科技完成你想要做的事，讓它變成是你的工具，而不是為它服役。雖說專心致志固然有效，但千萬不要封閉自我，否則就會失去發展自己情感、軟性技能的機會了。

5

轉職／跨領域／多職，
選擇之前必須思考的問題！

從對的心智根基出發，才能增加做出好決策的機率。請一定要小心：
不正確心智所驅動的轉職，可能只會把自己曝露在更為危險的狀況之
中。在轉職前，有些不得不面對的現實面，請一定要先問問自己，才
能確立自己是否真的具備了轉換籌碼。

Match Point

★ 轉換工作前，必須看清的現實。
★ 為了什麼而轉職？薪水待遇、人際問題或發展空間？
★ 角色的選擇，你願意也樂意努力的目標是什麼？

1───轉職前，不得不面對的現實

我曾問過許多Z世代的工作者：「你能想像在同一家公司工作超過三年以上嗎？」

大多數的人都會露出不可思議的表情。但同樣的問題若是拿來詢問Ｘ、Ｙ世代的工作者，多數是認可這點的。甚至，有些人會因為自己只待了兩年離職，而深感抱歉。面對以上觀念的轉變，先不論你對於轉職的想法如何，現代職場對於跳槽的態度，的確是變得開放許多。

過去，只能選定某家公司長期發展，但現在卻可以透過轉換公司發展職涯，這讓職場的跳槽風氣變得更加躁動。而且，因不明白箇中原由卻想要藉轉換來走捷徑的求職者實在太多了，也促使了雇主更加重視能力的價值，也更重視明確且能令人信服的轉職理由。還有，你是出於向上或橫向成長的動機而轉換跑道，也影響雇主對你的評價。

雖然聽起來很簡單，但能有這樣高度自我覺察的人仍是少數。許多客套的轉換理由，背後其實破綻百出，多是未經仔細、全面思考的非理性跳動。

譬如，近幾年特別容易遇到：因為想尋求「穩定工作」而離職的求職者，但卻忘記了現在身處的職場環境「不穩定」已是常態。這樣的情況下，當被詢問到離職理由時，雇主必然會產生：「這個求職者的適應力是高的嗎？」如此的疑慮，無形增加了轉換工作的難度。

從對的心智根基出發，才能增加做出好決策的機率。請一定要小心：不正確心智所驅動的轉職，可能只會把自己曝露在更為危險的狀況之中。在轉職前，有些不得不面對的現實面，請一定要先問問自己，才能確立自己是否真的具備了轉換籌碼。

現實一：你現在的年紀和能力匹配嗎？

每個職場人或多或少都有這樣的經驗：看到一份喜歡的職缺，興沖沖地去看應徵的條件，結果發現自己的年資還不符合要求。但你有想過雇主在招募人才時，為什麼會設定這樣的硬性年資呢？

以硬性年資作為篩選標準，其實是建立在：工作年資與能力高低的正向增長關係。同樣的工作，隨著年資的上升，對於工作的執行標準、看事情的視野、擔責的範圍都會有所轉變，進而琢磨出能力的深厚。

我常常遇到許多「職場少男、少女」，即便他們的工作年資已有五年，但卻和只有一年年資的職場人能力差不多（或者，八年相當於三年、十五年相當於八年……）。因此，隨著年紀增長，當他們想要尋求突破，卻遇見更大的阻力。而會發生這樣的狀況，大多有兩項原因：一、職涯前期頻繁跳動，沒有先選定在一個領域做好基礎累積，磨出被人認可的能力。二、雖然有在同個方向累積，但是卻全都只是重複勞動，缺乏自覺。

因此，請你現在一定要開始謹慎地詢問自己：

- 從畢業到現在，我工作多久了？
- 配合這樣的工作年資，我的能力是符合人才市場的期待嗎？

工作年資與市場期待產生差距，那麼就有可能因為無法獲得他人認同，而喪失更好的職業發展機會。一定要樹立危機感，開始補救，避免成了萬年少男少女。

現實二：你的認知高度有提升嗎？

Andy進入職場已經第八年了，一直希望能往研發主管職邁進的他，卻總是升不上去，嘗試轉換卻總在面試時屢次被發好人卡，總是怨嘆自己沒那個工作運。

後來，在一次與他的面談過程中，我發現Andy總是能自信回答那些與「執行面」有關的事情，像是工作內容、業務流程、完成方法。但當被問到「策略面」的問題時，如針對某某情境，你認為該怎麼解決？卻突然卡住了似的，原本自信的語調變為充滿猶疑。當時，我大概知道好人卡的原因了。

　　身在職場上，不同職位層級的人看待事情的思維與角度都大有不同，例如，基層執行面、中層規劃面、高層策略面，甚至現代職場的職級扁平化，需要同時具備這三種層次思維，才能與他人互動良好。

　　由於打基礎最為耗時，導致許多工作者的眼光和思路因基層期長而停滯在執行面，使得想法長期定型，連帶影響了人際溝通方式與職場能見度。

　　好比說，若你是某項任務的執行者，但主管告訴你客戶突然要求明天要交付任務，這時站在你所處在的執行者觀點，你可能產生兩種選擇：一、堅持還未達完成品質，無法交付任務（產生衝突）。二、預告主管無法達到品質的風險，對於客戶產生反應要有何對應（產生溝通）。如果今天你是站在主管的立場，哪一個選擇比較不會讓你頭疼呢？

　　請一定要記得，除了關注能力成長外，對於工作整體認知層次的提升也同樣重要。否則，你所精心琢磨出的能力，可能都無法得到能夠應用的發展機會，職業生涯必然會有停滯。

　　不論你現在工作多久，請務必多多練習詢問自己，並藉由平時來鍛鍊層次性地思考——

- 我所處的公司主要在做什麼？競爭者是誰？
- 公司的部門劃分有哪些？我所處部門在組織的什麼位置？（戰略？輔助？）
- 公司近期碰到的挑戰為何？產業近兩年有何變化？
- 主管的職涯背景、領導風格為何？偏好的溝通方式是什麼？
- 你的角色所接觸的內部部門、合作客戶、供應商有哪些？
- 你所處的團隊如何分工？你們完成任務的KPI有何差異？
- 面對這件事情，如果是你，你會怎麼解決？只有一個方式能解決嗎？

現實三：你的職場觀念有跟上變化嗎？

「最近上班很悶啊……公司亂糟糟的，人事一直在調動，現在我還要兼其他部門的工作。」

在下班後的小酌時光，你的朋友邊喝啤酒邊這樣說。乍聽之下，你覺得很有道理，你告訴朋友：「換一間公司吧！我相信你會有更好發展的。」

但換一家公司，真的就能解決這些問題嗎？其實，有許多職場人也正面臨一樣的情況，包括：

角色上衝擊：現有工作消失、臨時性新角色與任務指派、工作內容多樣化。

關係間衝擊：部門重整、（跨領域）主管頻繁調動。

組織面衝擊：企業轉型、組織重整、公司間合併。

合作上衝擊：跨功能合作、跨地域合作、跨文化合作。

以上問題的發生確實都讓職場人越來越想跳。然而，在VUCA時代，這些卻是很難避免的。組織必須思考各種「新方式」來求存，像是科技公司因為主要盈利模式改變，客服人員被期待轉為系統分析員，組織透過跨背景的空降主管來刺激內部團隊轉型。

對於這些轉變，多數人會優先採取「不能理解」來解決這件事情，想著：「換一份工作就好了！」卻發現，換到哪裡去都一樣，而更加埋怨工作。

當太陷入自己的角色中，容易只看到與「自己相關的事」，而忘了思考：「為什麼會有這些變化產生？」並且判斷：「這是公司為求發展，所必然帶來過程中的混亂？還是因為公司中長期目標不夠清晰？」前者可能是機會，後者可能是危機。現在知識工作者的職涯可能比公司、甚至產業都還長，具備職場敏銳度所需要的應對彈性、快速適應力，也是寶貴的可遷移能力之一。

現實四：你開始需要擔責了嗎？

隨著年紀增長，會開始發現，面對選擇已經不像以前這麼簡單地做決定。轉職所帶來生活模式的轉變，連帶影響處在緊密生活圈中的人，你開始得考慮像是：伴侶的需求感受、陪同孩子成長、父母的健康問題、家庭金錢配置等。如果你已經意識到，你的人生階段進入到擔責的時候，那麼就該更謹慎思考：到底什麼樣的職業發展，才能確保你兼顧這些責任？

例如，當你面對要不要去日本發展的選擇，但可見事實是：自己是家中唯一的獨子，再過三年，照顧父母的問題就會產生，屆時勢必得回台灣陪伴父母。

那麼，若決定去日本發展，屆時所建立的資源人脈是可以帶回的嗎？若回台灣是面臨重新發展，會不會讓自己更有壓力進而影響到生活？像這種「職業發展＋地域性＋角色責任」，考量越能配合職業發展，就會降低屆時「被迫安逸」的可能。

面對角色責任，請不要覺得未來還很早，問題還很遠。通常，這類型的問題都是來得措手不及，你才知道已經無法逃避成長的課題。

趁自己的角色責任還不多時，多問問自己：「到了XXX時候，我還敢輕易地換工作嗎？我有這樣的勇氣嗎？」否則，輕裝上陣、拚命向前衝會是比提前安逸更好的選擇。

　　好的轉職關鍵應該要能先接受現實，累積自己可「主動選擇」的能力，具備對機會的客觀評估，配合職業發展的意識，才能走出讓自己也喜歡的職涯道路，更趨近想要成為的自己。

　　面對現實，如果你想成是種限制，那麼你決策的思考模式就會出於「如何避免問題」去行動，自然就會產生很多阻力。而若想成是機會，這樣的思考模式將出於「如何面對問題」，會產生更多動力。

　　同樣都是轉職，不同的心智可會大大影響職業發展的延續性。

2 ——— 轉職基礎題你弄懂了嗎？

　　薪資待遇高、成長空間大就一定是好機會？

　　這樣的問題是求職者較少有心力深入思考的。而有許多工作者明明都往大家所說「好機會」去轉換，卻總覺得自己仍在原地踏步，越換越不開心。

　　在面對是否要轉職時，特別容易陷入選擇的迷思中，甚至會聽到很多不同的聲音——父母可能會說：「選一家穩定、員工福利好的公司吧！這樣才能為未來退休後規劃。」交情好的主管說：「你的經驗還不夠完善，我建議先忍忍再換吧！」而好友卻說：「現在不多嘗試看看，以後就沒機會了！」本來決心要轉職的，但這時心裡卻開始拉拔掙扎。相信許多人都有過這樣的糾結。

　　事實上，很多人能夠輕易地給予你轉職建議，只是在這些建議的背後，卻很少有人會思考：這些聲音背後的立場與來源是什麼？

　　每個人進入社會的經濟環境，到進入組織工作的發展型態，不同世代、職場規則、環境風氣，都有著極大不同。在尋求建議的同時，能自己過濾聲音相當重要，畢竟你才是那個需要為選擇負責的人。回歸到現在的你，處在越來越頻繁跳動的職場時代，能夠優先明辨轉職基礎題，在每次選擇中，培養「適合自己」的好機會敏銳度，才能幫助自己「跳出」職涯的高度。

　　以下幾個問題，讀者不妨思考看看：

Ⅰ. 薪資待遇：為了更高的薪資待遇，我該換工作嗎？

　　如果自己在所屬的團隊、組織裡，付出了心力並取得了肯定、帶來影響的成就，但卻無法獲得應有的回饋，造成個人貢獻與價值回饋嚴重失衡。那麼，就是該開始考慮轉換。

　　對於報酬應有回饋，每個人的判斷標準、標的都不同，有的人喜愛的是更多獎金分紅、更高的年薪提升，或有人偏好彈性的休假天數、更彈性的工時可以兼顧家庭生活等。這是在思考物質面時，需要配合去衡量自身狀態，來決定什麼樣的回饋能提升自己對工作的滿意度。

　　清楚了談判標的後，配合透過可見的成就（大家都能認可並看見，才能

有爭取依據），在適當的時間，與直接主管爭取你期望的回饋方式（主動提及而不是被動等待）。

而即使欲跳槽公司能提供你更好的待遇，也請要伴隨思考：

欲跳槽公司的中長期收益？市場營收狀況如何？

有些公司固然可以在一開始給你高薪，但這樣的薪水能維持多久，以及這家公司能存活多久卻是未知數。請別忘了針對欲跳槽公司，憑著能得到的財務公開資訊去做檢視，並瞭解主要營收模式為何，評估企業體質。

跳槽後自己的專業技能溢價、經驗增值空間如何？

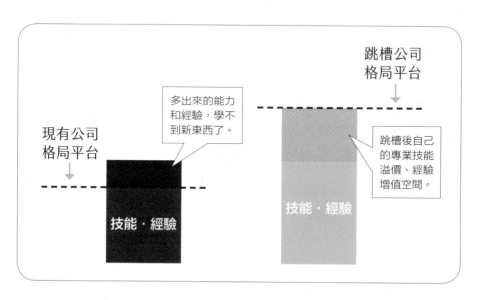

　　轉職的成功，一定是你具備了滿足未來雇主現階段需求的經驗與能力，但這些珍貴的能力經驗在轉換過去之後，還能否再有「提升式成長」卻不一定了。

　　請確保，除了薪資之外，也能看見帶給自己能力與經驗增值的空間，這點將會攸關每次轉職的成功率。

II. 發展空間：覺得在現在的公司發展受限，應該要轉換嗎？

　　如果現有公司在產業的角色、組織內部職位有所限制，已經不能滿足並且提供你的專業有新知識的累積、新技能的長成，那是該考慮轉換了。

　　每間公司在產業鏈中，都會有自己的角色定位。譬如，有些公司將自己定位成產業中的「創新者」，推出新產品來吸引消費者注意。而有些公司則是山寨哲學，喜愛跟隨老大的腳步來瓜分市場，做個稱職的「跟隨者」。

　　若你是個渴望做創意發想的工作者，待在「跟隨者」角色的公司，能夠發展的空間勢必會有明顯限制，那麼考慮往「創新者」角色公司移動是不錯的選擇。當然，「自己認為」與「業界認為」一定會有距離與隔閡，對於自己的渴望與能力匹配值則能在面試回饋一探究竟。

　　針對成長空間的可能性，請跟著評估：

現有公司內的部門輪調、角色調派、核心專案爭取的空間如何？

個人知識技能的儲備都是透過每段工作經驗中，學習而「總結」出來的。因此，透過現有公司的資源思考成長的其他可能，像是不同部門輪調、角色指派、新專案分配的彈性、內外部培訓課程，能刺激自己的新觀點並挖掘可能潛力也是選項之一。在萌生轉職念頭時，不妨先由內優先來思考：還有什麼工作環節是我不熟悉的？還有什麼是公司能幫助我學習的資源？公司中目前正推行的核心專案有哪些，我能否主動爭取？

評估在欲跳槽的公司自己未來會承接的任務，是否能繼續有經驗增值？

盡可能地評估欲跳槽公司對待職位的後續安排、期望為何，是否有符合自己想要的成長路徑。

Ⅲ. 規模大小：往名聲大的公司、組織規模大的公司跳一定好嗎？

過去，許多求職者會為了大公司名聲而跳，但在身處如此模糊不明的大環境下，大型組織卻更可能因為反應時間與成本過高，失去競爭優勢。其實，能預見「你可以帶得走什麼」才來得更為重要。

公司規模大小不代表「可運用平台格局、資源程度」的大小。雖然，有些人的確會對知名公司有所嚮往，但在經驗能力尚未完善時，轉換時請先綜合考慮：公司能不能透過既有規模、名聲，給予你更多平台格局的運用，並

且得到更多的資源支持，才是重點。

在你對轉換公司規模的選擇，請再更深入思考：

大型組織

若你選擇轉換到更大型的組織，那麼可能將會面臨更窄的分工、更細部的領域，甚至能做的真正有價值的核心工作，機會是相較少的。

而所謂更專業的分工背後，卻也有可能是重複性的高知識勞動，代表其實你並沒有能力溢價、經驗增值的空間。

中小型組織

中小型組織為求生存，所以在面對環境變化、迎合用戶市場的口味，反應的彈性是高的。但這樣的彈性，對於工作者來說，會間接帶來工作內容變化劇烈、部門重整腳步快速、多項目的任務指派。

在轉換到這樣的組織型態中，要思考自己應對變化的彈性接受度如何。以及在不斷變化的工作任務下，對於職業價值的實際累積，是否對自己有幫助，這也是需要去衡量的。

微型組織

微型組織通常不超過十人，部分多處於草創階段。這樣的組織型態傾向每個人都能是獨立個體也能夠設定個人目標，連結總體目標來自負盈虧，因

此也非常強調自我決策的擔責能力。聽起來發展空間較大，但要能在沒有上層主管的適時叮嚀下，可以滿足KPI，背負著壓力且有所突破，仍非常考驗自律性、找商機的能力與眼光高度。

近幾年，我的獵才經驗中，許多雇主都主動提及希望該人才有新創、微型組織工作的經驗，認為這樣所磨練出的生存力與適應力較符合環境步調，也可見這樣的用人趨勢已經和我們過去所認知「擁有在典型大組織工作的經驗會加分」有了非常不同的變化。

而每個企業階段必會帶來不同的策略目標，要求的人才樣貌也有極大不同，從萌芽期、新創期、成長期、擴張期、成熟期、衰退期，也要能夠辨別該組織目前所處於的位置為何，這會影響所做之事與可學習的面向，也攸關了你如何完善自己的職涯經歷。

IV. 公司類型：外商公司、成長型公司一定比較好嗎？

「外商一定比較好。」、「往成長型公司跳就對了。」有些求職者會基於這樣的想法而轉職。不過，評估公司類型時，反而職位有沒有做到「核心工作」才是評估關鍵。

以外商來說，其實要先理解外商在海外佈局，必定是以成本低做遷移為考量優先，再配合當地人才素質做策略佈局。

在台灣的外商，有百分之五十都不是做「組織核心」的工作，甚至多是延續總部制定的方向，執行各種任務的規劃，真正是由自己發想與發揮的比例明顯較少。而外商也不一定等於工作具有國際觀，因為若你的工作指派是針對當地市場，工作環境說不定運用台語比英文的機率高上許多。

反觀本土公司，因為對當地市場已有熟悉度，進而在工作內容的深度設計反而較高，也更有可能往核心決策權趨近。所以，配合自己職業的階段目標，來選擇公司類型，會遠比只單純考量特定公司類型跳來得好。

面對這兩類型的特定偏好，也請伴隨思考：

加入外商

外商佈局海外分支時，必然會有其策略考量，譬如業務、研發、客服的比重會針對市場分配，連帶影響工作面向較為單一，因此，請必須預先瞭解欲加入公司在當地的經營策略為何，並且在可預見的升遷天花板的問題上，先思考你的未來方案。

加入新創、成長期公司

加入新創、成長期的公司，對求職者來說就像是「卡位」的概念。尤其，這幾年各種類型的新創公司如雨後春筍般冒出，但你可能難以從中辨別到底哪個才是真正有潛力的公司，因為他們大多描述自己：「我們是一家正在成長（新創）的公司，積極發展著某塊領域，想要尋求志同道合的夥伴加

入我們的團隊。」

若你正面對要不要加入這類公司，請務必好好觀察：公司執行力、目標市場潛力、團隊組成、資金背景，不要被一時「感覺很美好」沖昏頭。

求職者其實可以透過面試來觀察。我記得，一位求職者曾與我分享，他會很仔細地去觀察CEO的性格，是不是個「真的願意分享、能夠同甘共苦」的夥伴。

「幾個月前A公司的CEO，透過朋友介紹與我聯繫，期望我能運用在產業這十多年，豐厚的產品經驗與人脈幫助他們快速打入市場。面試當天，當我走進對方公司時，裝潢非常大器，但我心裡卻有點意外，在公司還沒盈利前，已經花費了這麼大筆費用在裝潢上。接著，當我走進他的辦公室時，發現他坐的是一張三、四萬的辦公室椅。這都讓我不禁思考，這樣用錢的態度、對待營運的方式真的能讓公司獲利嗎？」

後來，他也沒有選擇加入這家公司。而該公司在幾年後的發展，雖然有拿到資金支撐營運，卻沒有如預期擴張，最後收了起來。

V. 人際關係：與主管有衝突，應該要轉職嗎？

不論是與主管有衝突、同事處不好，許多工作者的離職都是因為「人」的原因。然而，偏偏牽涉人的問題，我們容易戴上有色眼鏡評斷，而產生了經驗偏見。

在面對人際關係的問題，請優先客觀評估整體團隊氣氛。若是缺乏正向成長的氛圍，那麼就該考慮轉換。

但若是因為人際關係而轉換工作，下決定前請先問自己：

現在遇到的人際衝突，以前是否也曾遇過？

有些雇主在面試時，會透過詢問「離職原因」來試探求職者，以檢視工作者自身的成熟度是否能夠主動反思，這也是自我學習中重要的特質。

若你隱約感覺有超過兩次以上的情形，都是因為特定人際原因而離開，那就該優先找到方法調整自己，否則轉職只是逃避而已。

不愉快的癥結點（是特定同事、特定主管或組織文化？）是否能自我調整？

企業文化好壞沒有絕對，但別人覺得好的文化，對你來說卻不一定也是好的。

有些公司是在層層關卡上透過設計完善的流程，來掌控每個決策與執行品質。但倘若你偏好能有自主的決策權，身處在這樣的組織可能會嚴重產生

牴觸。而企業文化也會連帶影響團隊文化，像現在有許多小型組織或大公司內部的新創團隊，鼓勵團隊成員能「直接對話」。雖然有些人的確因而得到快速的進步，但對有些人來說卻覺得這樣的聲音是過於開放，阻礙了自己的發展。

因此，優先釐清現況並調整自我，若發現已經不是調整自我能夠解決的狀況，甚至已經產生「不能再信任」這樣的感覺，那是該考慮下一步要如何計畫，並且如何將離職處理得漂亮。

VI. 任職時間：我待的時間，不夠長／不夠短，該作轉換嗎？

在現代職場中，成就的說服力是遠大於工作年資的。當你覺得現有工作已看不到任何可發揮空間（淪為重複性勞動），就應該開始考慮轉換。然而，許多求職者會在等不到高峰期才轉換。需要提醒的是，轉換工作最好的時間點，其實會是在達到成就頂峰的時期。通常，處在成就高峰期的求職者，也是薪資議價能力最高的。

目前為止，你的職涯具備「核心三年」了嗎？

要能孕育受他人肯定的產業經驗與工作能力，核心三年是相當關鍵的。一般來說，入職後的第一年，仍會處於「試水溫」的狀態，藉由經歷不同季節的階段，初步瞭解組織步調、產業變動、工作目標，但這卻不足以說服他

人：你已經熟悉產業，並能充分運用自我能力。

若要琢磨能力並深達產業，即便是學習速度快的工作者，也需要花上至少二～三年的時間。甚至，有些雇主也會設定二年為履歷篩選的低標，去觀察求職者有沒有良好的軟性特質，像是：專注力、自律、有沒有為目標努力的決心。

對於不同階段的職場人，三年其實足夠做很多事情。對年輕的職場人來說，若在這段期間有目標性地紮實打底，便能儲備開始被人認可的專業能力，甚至在第二個三年儲備跨產業經驗。而對面臨轉型的資深職場人來說，核心三年則是相當重要的過渡期，許多成功轉型的求職者在這段過渡期中，透過不斷試驗來測試各種職涯角色的可能，選出有利延伸而跳脫困惑週期。

你是否待太久了？

在同一個組織待太久容易定型，尤其若不是待在持續成長的公司，定型風險更高。不妨仔細觀察那些待公司超過五年以上的同事，可能會發現他的思維方式與講話風格正就是「公司的樣子」。

因此，任職時間長固然忠誠，但重要的是要小心別被「觀念綁架」，進而影響與外界互動的人際方式、面對競爭的彈性反應、對待職涯成長想像過於片面。

先培養定性，再追求穩定

很多人認為的穩定是以找到工作與生活的平衡點出發，但卻缺乏了先把份內工作做好的定性，把事情做得透徹，磨練不可替代的職場價值。當處在自己所建構的舒適圈溫水煮青蛙，意外事件來臨時，衝擊是相當劇烈的。好比說，你突然面臨失業，卻發現能找到的工作薪水低了許多，反觀當時同期同事薪水已經三級跳了，而成為那個鬱鬱寡歡的職場人。

配合基礎題全面思考，不斷問自己：「現在處於哪個階段？下一步想要提升的目標為何？」

越能將轉職動機想得越徹底明白的人，在面對機會時，就更清楚該如何選擇。這都是跳脫工作只是為了獲得金錢，出於職涯成長的選擇，否則也不會有人拒絕所謂的counter offer，往他們的目標道路前進。

3—— 轉職進階題

在重視橫向擴充的新型職場中，最考驗職場人有沒有——能跨得好的求職智慧。然而，當偏偏牽涉到跨領域、跨角色、跨地區，多數人反而是沒什麼頭緒，人生好像卡住了一樣。如果你也正覺得「卡住」了，請不要慌張。脫離停滯地帶，是沒有絕對的標準路徑與答案。

在這樣的過渡期中，反倒是心態致勝：先肯定自己在過去工作上的付出

與努力,來替代過渡期容易產生的否定感。梳理自己的「現在」,找出必要的斷捨離,尋回職業方向感。最後,用點創意升級自己(注意:是升級,不是重新開始!)。

Ⅰ. 跨角色轉換:我現在是A,該轉換做B嗎?

人的性格、做事方式、能力發展都會隨經驗而變化,這會讓你對新角色萌生興趣,像是你可能從行銷轉為工程師、編輯轉為公關等。但對於沒有明確角色轉換意識的職場人而言,可能會流於「過於隨遇而安」,或「無法抵抗短線誘惑」的轉職選擇,並可能造成「什麼都可以做,但也什麼都不會,只能做淺層表面的事物。」

對於想要選用潛力人才的雇主來說,若是在畢業後五年內發生這樣的轉職歷史,或許還可以歸類為「還在探索中」的說法。但要是你已經工作了八年,這樣的探索期可能就過長了,落入在職場價值低落的困境裡。

不論先前你的轉職經驗如何,在面對下次的跨角色轉換,可以試著梳理兩件事:

小心不要被頭銜綁架:你真正在做的事情、運用的能力是什麼?

若你聽到對方介紹自己是事業開發經理時,你會聯想到他是什麼樣的角色呢?

表面上是A但實際是做B，許多組織都會有這樣「外部頭銜」與「內部頭銜」之分，所定義工作內容也大不相同。譬如以事業開發經理來說，他可能是A：拓展角色，專門進行陌生開發，需要大量時間、耐心耕耘客戶；也可能是B：業務角色，有明確的客戶名單可以做目標銷售，講求快速結案；也可能是做C：策略制定，更多中長期的事業專案規劃。

若你本是擔任B型角色，卻抱持著：「我一定可以勝任其他角色。」在這樣自信滿滿的狀況下，轉做A型、C型，反而可能跌上一大跤，因為這之間所需要的性格能力、做事方式是大大不同。

因此，在轉換工作角色時，請一定要優先盤點：你真正在做的事情、運用的能力是什麼？千萬不要被角色頭銜（job title）限制住選擇，輕忽了自己實際擅長、能被放大的優勢，尋求了錯誤的工作機會，造成轉職失敗的高風險。

回歸職角色的目標感：選擇什麼樣的職業角色，能趨近我想要成為的自己？

「雖然不討厭A，也做得出成績，但總覺得還少了些什麼，因此做了B。」面對角色轉換的選擇，是多數人在職場走跳的相同經驗。如果你在每次角色的轉換中，都覺得總是差一點點，不妨再拉高一個層次到角色「性質」思考看看。

從「這次我想要找什麼樣的工作？」轉換為「選擇什麼樣的職業角色，能趨近我想要成為的自己？」這樣的問題，包括了更多個人性格、行事風

格、生活型態、情感表現、利益關係的發揮。其實，若你越能安於在職業角色中的狀態，與自己一致，會幫助你的優勢持續放大。

試著問自己，哪一種角色性質是你「願意也樂意努力」的目標：

✓ **自由工作者**：不隸屬任何一個組織或公司，彈性地出售自己獨特的經驗技能，與社會進行價值交換，以此獲得心理與物質滿足。例如，自媒體、攝影師、翻譯者等。

✓ **連續創業者**：所有工作的階段性目的，都是為了累積相關的經驗技能與金錢，並最終創辦自己的事業。好比說，獨立創業者、合夥創業者。

✓ **專門領域專家**：將精力投入在目標產業的細分領域，透過累積的特定經驗，形成不可取代的專業洞見與能力，樹立確切的職人形象。譬如，對服務業內餐酒館經營熟悉的顧問等。

✓ **組合管理者**：追求多樣的工作經驗與專業技能，透過不同組織平台養成實力，來實現個人價值。像是，中小企業的基層經理、中階管理者與經理人。

✓ **高階管理者**：秉持職業高度的願景，有著往更高的管理階層邁進的野心，不斷拓寬管理幅度、訂定策略、資源整合，並願意承擔更大的責任。譬如，合夥人、企業高階管理者。

　　如果你希望五年後的自己，能擔任創業者，那在接下來五年內的每個角色選擇中，都必須要有個核心思想：可以培養人脈關係、磨練商業敏銳度、親自執行任務為優先，並能開始調整自己對於穩定與安全感的需求、與高自尊的性格。

　　若是想往領域專家的角色前進，那麼核心思想應為，選擇能夠獨立發揮影響力、針對細分領域鑽研並能解決問題的角色；又或是，你想往管理者前進，那核心思想都應該以能有實際帶人的角色為優先，並開始跳脫本位主義來磨練自己：透過幫助他人成功來達到自己的成功，培養更多承上啟下的管理能力。

　　而剛走入家庭的工作者，預見可能會因為生小孩、後續的照顧問題中斷職涯，不妨也可以用角色性質去評估能繼續發展的專業。許多人會採取做自由工作者的方式，兼顧職涯與家庭，那麼成為「有案子」的自由工作者該怎麼做呢？從現在就要開始建立個人品牌、觀察業主對於外包的考量與選擇等等。

　　藉由內隱的職業渴望與外顯職業角色配合，訂定「核心思想」來去貫穿每次角色選擇，這能幫助自己在很多看似無關的角色轉換中站得穩，有更明確的驅動力看待付出與犧牲，往前邁進，抓住「連結未來自己的元素」，直到達到五年職涯目標。

Ⅱ. 轉換地域：我該從A地，轉換到B地嗎？

「我接到了一個上海的offer，是在遊戲產業做客戶代表，但扣除掉必要開銷，能存的錢幾乎是打平的，這讓我很猶豫要不要過去……」這樣的問題，發問者可能是新鮮人、適齡上班族、資深職場人。即便你能對薪資、生活成本、通勤時間成本、社會福利、朋友圈等基礎項目有好好評估，但這可能無法幫助你做出關鍵決定。

如果你是剛畢業的新鮮人，在面對地域性轉換的問題，請思考：

你想要選擇的是發展的地理位置？或是想要發展的工作類型？

這兩者的目標是很不一樣的，而且無法兼得。譬如，有的同學想盡辦法往A地發展，是因為當地特定領域的機會多、成長空間大，這就是工作類型＞地理位置的選擇。

而有的同學因為喜歡B地的文化、生活習慣、朋友圈，進而想盡辦法留在B地生活找尋工作，這就是地理位置＞工作類型。在還沒有過多經驗定型自己時，請抱著強烈探索欲望嘗試。

而若你是已踏入職場一段時間的工作者，則要思考看看：

你期待從該地的工作機會獲得什麼？是否有與你的職涯路徑符合？

對於具經驗的職場人來說，地域選擇攸關了：你想要以你現在的優勢，換取當地就業市場的什麼樣要素？

- ✓ **產業發展**：你現在所處的產業，在目標地區的發展情況如何呢？是待開發、成長或飽和？正式或非正式產業？全球供應鏈的分工位置？

- ✓ **當地優勢**：當地的法規優勢、環境優勢、人口紅利、消費習性、語言習慣，對你能帶來什麼額外優勢呢（也許是新的學習、經驗格局？但文化潛規則也是需要先瞭解的）？

- ✓ **資源多寡**：目標地區有沒有人才補助計畫？園區產業聚落的扶植？政府對該領域的支持程度如何？

- ✓ **個人生活**：有沒有其他非職涯外，你更重視的生活因素？小孩教育環境、醫療福利？

即便是出於工作地點的轉職，也是職涯上的「單點」選擇，想要透過轉變地點來獲得什麼，這樣的目標感一定要非常明確，這會幫助你度過適應期，並能夠給予自己最大的支持。當目標感不明確，若是又待上了一段不短的時間，很有可能產生：前進不了，也無法回來的感受，甚至回家後職涯倒退的情況發生。

我看過的萬份履歷中，不乏其中是因為那「一次」大膽的決定，進而讓自己擁有了具轉職優勢的獨特職涯工作者（甚至是擁有更高的文化適應力，這也是雇主青睞的軟性特質之一）。但卻也看過不少，因為風險、因為恐懼、因為不想面對適應上的不舒服，而錯失良機的工作者。有些職場人拒絕

做地域性轉換，有時並不是因為他們把自己的家庭、孩子或其他優先事項放在自己之前，而是因為把搬遷的恐懼，放在職業發展的機會之前。

然而，有時要考慮的一個事實是：不做地域轉換，是限制自己職業發展的行為。這是就業市場和產業環境遷移帶來的、不得不面對的現實。

能夠影響人生、改變生活的重大選擇，是常常出現的嗎？這是我們在面對地域轉換問題時，最後一定要問問自己的。倘若，你決定不把職業發展放在首位，那麼可能就沒辦法指望職業選擇和機會是無限的。

Ⅲ. 轉換產業：我該從A產業，換到B產業嗎？

面臨跨產業轉換的職場人，滿多時候其實是到了必須轉型期，而非成長期的階段。那麼，這時候的轉換目標，可能需要先把縱向成長的心智擺在一旁，定位成：如何成功地橫向轉移到另一個平行出發點？

譬如，如果你是在尋求轉型，但卻抱持著：「我想要從A產業轉換到B產業，要如何在B產業取得更高的薪水呢？」很明顯地，這就是將心智擺放在錯誤的問題上。

在處理跨產業人才案件時，我會著重在與雇主溝通：候選人在履歷上「看不到」的隱性經驗、特質。像是，如果候選人進入到組織內，依他的專業背景與能力，能帶來可見的正向火花、負向衝突為何？他能帶來的新商機又是什麼？達到組織戰略目標的時間為何？這連帶考驗了候選人的學習力、溝

通力、適應性、合作程度的高低。

甚至，你會發現，這樣的對話很少琢磨在專業經驗的單點討論。因為，與你「具備同樣專業經驗的人」（也就是站在同樣「標準」的人）不乏少數。而想要能出線，並證明可以藉由「你」作為中間轉移者，倒是會考驗這兩大關鍵：

> **產業重疊面：**透過你的A領域經驗，能在B領域中解決什麼樣的問題？（攸關你的資源交換力）
>
> **技能重疊面：**你有哪些可遷移能力，可以複用並做經驗轉移？（攸關你能發揮的影響力）

幾乎所有職業都是由特定技能（specific skill）與通用技能（general skill）組成，兩者相輔相成。但職場人常常會落入「認為現在工作的價值，全都是由特定技能（專業能力）高低決定」如此的迷思內，而忽略了：要能展現專業能力，必須透過通用技能呈現。這也是在跨產業的轉換中，具備一百分特定技能的人，可能不見得會比擁有七十分特定技能者有成功的轉換優勢，差異就在通用技能的高度，也就是可遷移能力。

近幾年雇主特別偏好以下這十種的可遷移能力，不妨思考看看，自己除了專業能力外，也是否具備了：

解決問題（complex problem solving）、批判性思考（critical thinking）、創意發想（creatively thinking）、人員管理（people management）、與他人協作（coordinating with others）、情感智力（emotional intelligence）、自我判斷與決策（judgment and decision making）、服務導向（service orientation）、談判（negotiation）、認知變通（cognitive flexibility），來幫助自己轉換產業。

當你的通用技能越強，將更有個人影響力，也能解決特定問題，幫助自己擁有資源交換力。這是職場人在轉換產業時，需要有的重要心態，用以持續突破。然而，多數人卻缺乏如此的心智。

轉型期是很難一步到位的，工作轉型必然會面臨許多自我衝擊，不管是觀念、工作行為、生活方式，透過這段過渡期，將可能會有新的自己、新的職業身分。在這樣的階段，請務必要給自己一到三年的時間去適應，並且有意識且具目標性地嘗試。

現代職場的分工疆界模糊，固然有其挑戰性，但在我看來，卻也是個很好的時代，讓專業工作者把能力、經驗透過不同的管道呈現，形成一加一的獨有優勢。

　　在候選人面臨選擇前，我一定會問：「你已經能看見下下份工作到哪裡去了嗎？」

　　面對轉職，不僅要看現在的機會能帶給你什麼，還要想想，離開了這個機會，你還能到哪裡去？如果你無法回答，那麼現有的新機會能帶給你的增值空間可能不大，甚至時間還可能消耗掉你現有的優勢，而這才是最危險的。

結語

Conclusion

或小三年級的我，坐在父親的摩托車後座，穿越那些五顏六色的公司招牌，我心裡想著：「為什麼沒有一家公司，能提供整合不同技能的人才服務呢？」那時的我並不知道，原來這是現在所謂招募服務的概念，也未曾想到這是尋找職業線索的一種方式。

直到進入社會後，開始嘗試摸索適合自己的角色產業，最後選擇了接受當初這樣的聲音，去試試看吧，便跳去了與原本職業經歷完全不相關的獵頭領域。這樣的自我探索經驗，讓我深信，每個人必然有其適合的位置，透過工作展現個人意義。只是聲音非常細微，要安靜聆聽，仔細挖掘才能聽到，而且它可能不只有一個，還要加上自己的勇氣，和他人的信任才能將之把握。

履歷、面試、轉職與否，這都是技術上的單點問題，要能與職涯共處，走出高度，更需要態度與注入細節，像是自我管理、職場素養。回想那些讓我感到敬佩的「導師」，我個人在他們身上所看見並有所感觸的是：

職涯早期多做一些「不擅長」的事，激發自己未曾發現過的潛力觸角，

懂得快也要懂得慢，學習耐心，也學習多樣的人格，從「人」身上學習。

　　職涯中期多做一些「放大優勢」的事，讓專業不單是專業，更是彈性的求生應變能力，並且去實驗各種熱情與興趣，學習給予，探索更深層的自己。

　　職涯後期多做一些「陌生」的事，拋開自己已經覺得是基本的東西，打破曾經定義自己的舊疆界，輕裝上陣，重尋挑戰，知道未來的人決定未來的事。

　　每個人都有不同的職涯階段進行式，並沒有一定的年限區別。穿插在這每段時期中，我個人則是有些「不要」的堅持，伴我走過許多時光：

　　不要限制自己，不要讓學校、組織定義你的價值，他們可能不知道你到底是誰，什麼是適合你的學習方式。學校不見得能給你畢業即用的專業，反而能透過不同主修養成邏輯思考，去培養職能。譬如常有人會提到念人文社科沒有競爭優勢，但我卻看過更多這樣的學生，養成了更獨特的答辯力、跨文化溝通能力，在各自領域擔任出色的商業顧問、設計師、產品經理等。重

點是有意識地知道為什麼要做（學習），然後再去選擇並嘗試。

不要過於執著運氣，世界不會因為你而轉動，盡可能在我們能夠控制的範圍內努力，生命中必定會有幾段飛躍期，是當你回頭看都感到不可思議的。但在那之前，你需要做好準備，別想躲避混亂及焦慮，就輕易下決定。也要記得，努力，只是讓自己不後悔的必要條件，這在職場上最多只能達到六十分。要有更多靈活與創意，才能幫助自己往一百分趨近，樹立職業價值。這與在學校努力讀書能拿一百分，是相當不一樣的思維。

不要用過去的經驗，推測自己的未來；別人可以輕易地這麼做，但千萬不要這樣對待自己。一旦陷入「我過去如何」，就會選擇對現在有利的方式，讓自己過得舒服些，然後就這麼停滯住了。當你想著「未來如何」，就會去選擇對未來有利的方式，披荊斬棘，往未來前行。

　　走向未來的路途上，高低起伏是必然的，若是面對痛苦，就想著是磨練，使自己更加強壯；若得到掌聲，則要保持清醒，繼續前進。或許一開始，你會覺得走得好慢，但不久將來，一定會有一瞬間是，你突然驚覺：「哇，原來我已經走過了這麼多！」相信這樣的心，會陪著自己越走越遠。

Happy Hunting!

Lynn

但願你因工作而閃亮

「獵頭的日常」給你的求職真心提醒，
盤點自身技能，放大個人優勢，擁抱那些令你不安的變化！

作者　Lynn Lin（林沂萱）

執行編輯　鄭智妮

行銷企劃　許凱鈞

內頁設計　賴姵伶

封面設計　張嚴

發行人　王榮文

出版發行　遠流出版事業股份有限公司

地址　臺北市南昌路 2 段 81 號 6 樓

客服電話　02-2392-6899

傳真　02-2392-6658

郵撥　0189456-1

著作權顧問　蕭雄淋律師

2018 年 2 月 22 日　初版一刷

2018 年 3 月 15 日　初版二刷

定價　新台幣 280 元　（如有缺頁或破損，請寄回更換）

ISBN 978-957-32-8187-0

遠流博識網 http://www.ylib.com/

E-mail ylib@ylib.com

國家圖書館出版品預行編目 (CIP) 資料

但願你因工作而閃亮：「獵頭的日常」給你的求職真心提醒，盤點自身技能，放大個人優勢，擁抱那些令你
不安的變化！／林沂萱作 .-- 初版 .-- 臺北市：遠流，2018.02
面；　公分
ISBN 978-957-32-8187-0(平裝)

1. 就業 2. 職業輔導 3. 生涯規劃

542.77　　106022843

【本書由於篇幅所限，另行將內文參考資料製作為電子檔，讀者如需索閱，請至粉絲團「閱讀再進化」留訊。】